「若者」と歩む教会の希望

次世代に福音を伝えるために

原 敬子 角田佑一［編著］

2018年上智大学神学部
夏期神学講習会講演集

日本キリスト教団出版局

まえがき

若者は教会の未来であり、希望です。そしてまた、「今、現在」を物語る指標でもあります。誰もが「若者」という固有の世界を経験し、特別な時としてそれを生きます。赤ちゃんの時のように純粋無垢に笑ったり泣いたりしているわけではなく、子ども時代のようにゆったりと保護された環境の中で思いっきり駆けずり回っているわけでもない。「若者である」というだけで、何かしら割り切れない、独りっきりの自分を抱えたまま、未知の世界へ一歩踏み出さねばならない差し迫った感じに見舞われます。若者は崖っぷちに立たされているかのようです。この厳しさの渦中にあることが「若者」の指標と言えるのかもしれません。中高年期に入った今、けっして味わうことのないあの頃の虚無感を思い起こすと懐かしくもあり、同時に、そこに戻らなくてよいことへの安堵の気持ちも沸き起こってきます。

二〇一八年、そうした「若者」をテーマとする世界代表司教会議（シノドス）が開かれました。テーマは「若者、信仰、そして召命の識別」でした。一年以上の準備期間を経て、二〇一八年十月、およそ一ヶ月にわたり、世界中から集まった代表司教たちは、全世界レベルでの若者と信仰、そして教会との関わりについて現状分析と考察を行い、対話をし、現代の若者たちに寄り添い、その声に耳を傾けました。その集いは参加した司教団を含むすべての人が、自ら「若者であること」を――あの独特の痛みをさえも――追体験した集いだったように思えます。

閉会にあたり、シノドスに参加した司教団が全世界の若者に向けて送った手紙があります。その冒頭には次のように書かれています。

世界の若者たち、シノドスに参加した司教たちはあなた方に向かっています。希望のことば、信頼のことば、そして、慰めのことばを送るために、あなた方に向き合いたいのです。ここのところ、わたしたちは《永遠に若者であるキリスト》、イエスに耳を傾けるために集まっています。そして、彼の声は、あなた方自身の声、あなた方の歓喜の叫び声、うめき声……また、あなた方の沈黙さえも明かします。（二〇一八年十月二十八日付、若者へのシノドス司教たちからの手紙）

永遠に若者であるキリスト、イエス――。たしかに、イエス・キリストは若者のまま死に、若者のまま復活し、今もわたしたちと若者のままともに生きています。わたしたちがこの世の最後までつき従い、生きるための模範として見つめる彼は、いつも若いのです。

そのシノドスを受け、二〇一八年夏期神学講習会は「若者」をテーマとしました。本講演集は、さまざまな現場で現代の若者を見つめる眼差しに貫かれています。これらの論考を通してさまざまな角度から開かれる探究に導かれ、永遠のキリストと現代の若者が交わる交差点に立ち、「永遠に若者であるキリスト、イエス」の福音を見出していただけますようにと願っています。

原　敬子

凡例

一、聖書の書名表記や引用は原則として『聖書 新共同訳』(日本聖書協会)に準拠したが、筆者の意向で変更する場合にはその都度付記した。

二、「使徒的勧告」の言意は以下の通り。

「使徒的勧告」 ローマ教皇が聖職者や修道者、司教等に向けて、その霊的生活を成長させるよう励まし勇気づけるための勧告

三、本文中の〔 〕は、筆者によって補われた注や訳注を示す。

四、注は各論文の最後にまとめた。

「若者」と歩む教会の希望――次世代に福音を伝えるために　＊目次

装丁 桂川 潤

第Ⅰ部　若者を見つめる眼差し

人間学としての精神医学

濱田　秀伯

神なしに本当の人間というものは考えられない。私はまず人間であって、その次に神に関係づけられているのではなく、私は、私が神に関係づけられていることによって人間なのである。

（ヤスパース）

1　人間の宗教性

古来、人間はさまざまに定義されてきた。「ホモ・サピエンス（智慧ある人）」、「ホモ・ファーベル（ものを創る人）」、「ホモ・ルーデンス（遊ぶ人）」、「ホモ・シンボリクス（象徴を操る人）」などである。自らの強制収容所体験を綴った著書『夜と霧』（原題「ある心理学者の強制収容所体験」）で知られるウィーンの精神科医フランクルは、人間をそれ自体で自律完結した存在とみる人間中心主義、ヒューマニズムを否定し、人間とは自分自身に距離をとり、自己を超越する存在であるとしている。収容所という過酷な環境のなかでさえ、良心と自由な決断、人間性を失わなかった囚人たちは、絶対的なものへの信頼を抱き続けた。そこには無意識の宗教性、識られざる神があるはずだと考え、次のように述べている。

> われわれは無意識の宗教性を発見した。この宗教性とは、多くの場合なお潜在的なものにとどまっているが、人間に内在する超越者への関係、神との無意識の連携を示している。それは、われわれが神に対して無意識にではあれ、志向的な関係をすでに有しているということを意味するのであろう。このような神を、識られざる神（無意識の神）と名づけるのである。
>
> （V・E・フランクル『識られざる神』〔フランクル著作集7〕佐野利勝／木村敏訳、みすず書房、一九六二年。一部改訳）

フランクルは医学部時代にフロイトと文通していた。やがてフロイトの、人間の行動すべては無意識の欲求からもたらされるという機械的、因果的な決定論になじめず、精神分析から離れていく。最大の理由は、無意識の中にはフロイトの主張するような過去の性的欲求、対人関係の葛藤だけがあるのではなく、神もまた存在する、という考えに到達したからである。

そうであるなら、人間とは意識するしないに拘らず、絶対的なもの、究極的なもの、聖なるものを志向せざるをえない存在、すなわち本質的に宗教的存在「ホモ・レリギオースス（宗教人）」ということになる。

宗教は多様な側面をもち、さまざまな定義がある。宗教を指すラテン語religio《レリジオ》とは、もともと超自然現象に遭遇した人が感じる畏怖と、これに対処するために執り行う儀式のことで、ここにはrelegere《レレゲーレ》（再読する、吟味する）と、religare《レリガーレ》（再結合する）という二つの意味が含まれている。

宗教は、人間にとって究極的な意味あるいは価値を求めるものである。シェイクスピアのハムレットの有名な独白「to be or not to be ——生きてとどまるか、消えてなくなるか、それが問題だ」（松岡和子訳）は、このことを示している。私たちは、存在と非存在を決定する、すなわち私たちの存在を根底から脅かすもの、あるいは全面的に救済する力をもたないものに、究極の関心を向けることはない。二十世紀ドイツ出身のプロテスタント神学者ティリッヒが、宗教を人間にとって「究極の関心ultimate concern」と定義したのはこの意味である。

ユダヤ教徒であったフランクルの思想は、これまで収容所時代に育まれたと考えられてきたが、実はそうではなく、彼の主な著作は収容以前にほぼ完成していた。その思想形成に大きな影響を与えたのは、カトリック信仰をもつドイツの哲学者シェーラーである。彼はカントの倫理学とフッサールの現象学の上に、一九二〇年代に人間を単なる進化した動物とみるのではなく、むしろ両者の差異を強調した哲学的人間学を提唱した。

これはギリシャ・古典思想（ヘレニズム）をもとにした哲学、ユダヤ・キリスト教思想（ヘブライズム）をもとにした神学、近代科学・発達心理学思想をもとにした自然科学の三つの思想圏を統合し、人間の価値が感情と関わりながら、上下に層をなしているとみる価値倫理学である（M・シェーラー『宇宙における人間の地位』亀井裕／山本達訳、白水社、二〇一二年）。

フランクルはシェーラーの哲学的人間学をもとに、人間には自分の人生を意味で満たしたい欲求、意味への意志（der Wille zum Sinn）があると述べている。物理法則が支配する宇宙に意味はない。人間が生きて、外の世界との関係性を求めるところに、はじめて意味が生じる。人生の意味、価値、生きがいとは何だろう。金銭、地位、名誉などは、どれも人生の価値であるが、人間はこれだけでは満たされない。

フランクルは、意味への意志が阻止されると、人間は実存的フラストレーション、欲求不満に陥り、内面の実存的空虚（das existentielle Vakuum）を麻痺させようと、より低い次元の快楽や権力に走ると述べている。これは人間の生きる次元が上下の層をなしていることを示している。

2　精神の層構造

動物とは異なり、人生に意味を求める宗教的存在である人間を捉えるためには、従来の心身二元論では不十分で、霊を含めた人間学的三元論によらなければならない。新約聖書には霊・魂・体の三区分が一回だけ登場する。

どうか、平和の神御自身が、あなたがたを全く聖なる者としてくださいますように。また、あなたがたの霊も魂も体も何一つ欠けたところのないものとして守り、わたしたちの主イエス・キリストの来られるとき、非のうちどころのないものとしてくださいますように。

（Ⅰテサロニケ5・23）

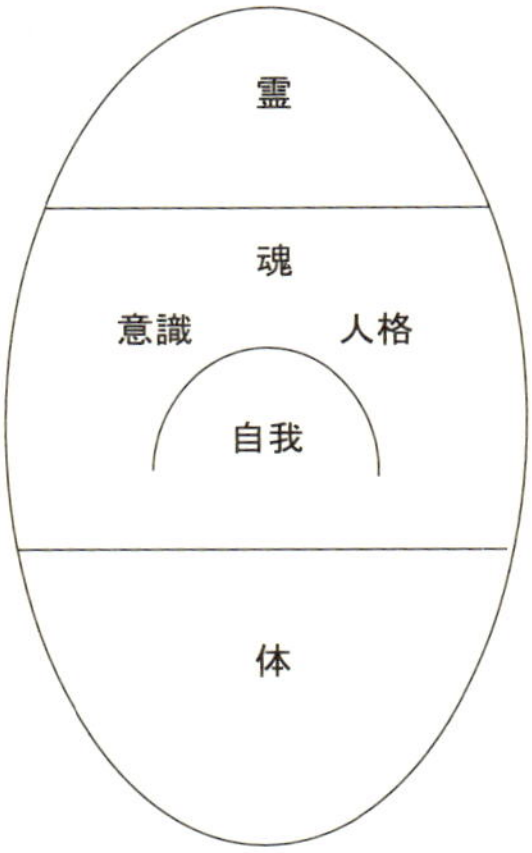

私はこれをもとに、人間精神が上図のように霊（spirit）、魂（soul）、体（body）の三層構造をなしていると考えている（濱田秀伯『ラクリモーサ』〔濱田秀伯著作選集〕弘文堂、二〇一五年）。一番下の「体」精神層は、脳を基盤として道具的機能と感覚が、生物学的な法則に従って働いている。前頭葉の機能、セロトニン、ドパミンなどの神経伝達物質、認知症の脳萎縮などを研究する、いわゆる生物学的精神医学は、この精神層を対象にしている。

中間の「魂」精神層は、理性と感性が働く場で、一方では外の対象と関わる意識へ、他方では自らの内面に向かう人格へと展開する。対人関係の心理学、力動精神医学、精神病理学、社会精神医学などは、この精神層を対象にしている。

最上位に位置する「霊」精神層とは、心身を統合するとともに、神や永遠と交流する場である。それはキルケゴールが述べた神と人との垂直・個別的な関係を築く場、フランクルの言う遥かかなたからの呼びかけに応答する責任 responsibility, Verantwortung を果たす場である。生きる意味は自分のほうから問うのではなく、自分に向かって問いかけられている。以下は『夜と霧』の有名な箇所である。

ここで必要なのは、生きる意味についての問いを百八十度方向転換することだ。わたしたちが生きることからなにを期待するかではなく、むしろひたすら、生きることがわたしたちからなにを期待しているかが問題なのだ、ということを学び、絶望している人間に伝えねばならない。哲学用語を使えば、コペルニクス的転回が必要なのであり、もういいかげん、生きることの意味を問うことをやめ、わたしたち自身が問いの前に立っていることを思い知るべきなのだ。生きることは日々、そして時々刻々、問いかけてくる。わたしたちはその問いに答えを迫られている。考えこんだり言辞を弄《ろう》することによってではなく、ひとえに行動によって、適切な態度によって、正しい答えは出される。生きるとはつまり、生きることの問いに正しく答える義務、生きることが各人に課す課題を果たす義務、時々刻々の要請を充たす義務を引き受けることにほかならない。（V・E・フランクル『新版　夜と霧』池田香代子訳、みすず書房、二〇〇二年、129―130頁）

人間はこの「霊」精神層を有することで、動物のように環境に束縛されず、脳を離れ自己を超越して生きる意味を求めることができる。

3　精神病[1]とは何か

病気は、この世を生きる人間にとって避けることのできない苦しみである。ドイツの精神科医、哲学者ヤスパースは、戦争、別れ、死などとともに、これを限界状況と呼んでいる。生体は外部環境に対して熱力学的に不均等な内部環境をもち、その恒常性（ホメオスタシス）を維持することで独立した自律性を保っている。病気は、このホメオスタシス、自律性への脅威である。

フランスの外科医ラボリは、第二次世界大戦時に負傷した兵士を観察し、受けた侵襲だけでは死に至らないはずの患者が、数日後に激しいショックを起こして死ぬことに気づいた。彼はここから、むしろ生体が病気を造り出しているという逆説的な侵襲学説「侵襲後振動反応」を導いた。ラボリは、生体は外から侵襲を受けると内部の恒常性を保つために神経・内分泌系の全身反応を起こし、患者の生命を奪うのはこの過剰反応に違いないと考え、次のように述べている。

私は、病気とは不調和性振動反応であると思う。あえて次のような矛盾を口にしてみよう。健常であろうとする生体のほうが病気である。環境に対する自律性を保有しようとする生体こそが病気なのである。（H・ラボリ『侵襲に対する生体反応とショック——人工冬眠療法の原理と応用』山口與市／土屋雅春／川村顕／秋庭忠義訳、最新医学社、一九五六年）

私たちが病気だと思っている大部分は、実は外からくる侵襲（外傷、細菌、ウィルス、ストレスなど）

そのものの表現ではなく、自らが内に造り出した反応のほうであり、それは生命より固有の内部環境を維持しようと低い目標を優先した結果である。すなわち病気とは、生体があくまで自身の自律性にこだわる結果だとも言いうる。

統合失調症を中核とする精神病は、三層構造をなす人間精神の全体的解体である。人間精神に何らかの、おそらく不特定の侵襲が加わると、まず上層が解体して脱落性の症状を生じ、遅れて下層が反応し、これを修復しようとする生産性の症状が現れる。

最も上に位置する「霊」精神層が解体すると、人間は神との結びつきが破綻し、存在の絶対的な根拠が脅かされるために、愛を実感できず、高みへ向けて自己を超越できなくなる。ここに生じる脱落性の症状は、生きる意味を失い「すべてが虚しい」アンヘドニア、自己が不確かになり「どこにも自分の居場所がない」離人感、周囲から一人取り残され「人の目が気になる」喪失感、未来が開かれず「何をしても失敗しそうな」恐怖感である。

人間のありかたを根底から震撼させる不安、フランクルのいう実存的空虚を軽減し、より低いレベルで神なしの安定をめざそうとする自律性が、「魂・体」精神層にさまざまな生産症状をもたらす。「体」精神層には、生体の内部環境を維持しようと、脳内ドパミンの過剰反応、全身の神経・内分泌反射が生じる。

「魂」精神層に生じる心理反応の一つが妄想である。妄想とは誤った確信で、精神病の代表的な妄想は、自分が他人から嫌がらせを受けていると思い込む被害妄想である。アメリカに精神分析を定着させ、統合失調症の発病要因に対人関係を重視したサリヴァンは、妄想を次のように考えている。

精神病には従来から主張されてきた破壊的な面だけでなく、生命保存的な側面もあるのではないか。現在、過去、未来を妄想的に加工することは、患者にとって願ってもない救いである。信じては疑い、証明したかと思うと反証が出てくるという、心を迷わせ、疲れさせる流れとはうって変わり、妄想は堅固で頼りになる。患者の安全保障という点で良好な状態である。しかし妄想がもっている悪性の可能性はこの点にある。この一時的な安全保障の代償として患者の人格は徐々に解体していくのである。

（H・S・サリヴァン『現代精神医学の概念』中井久夫／山口隆訳、みすず書房、一九七六年。一部改訳）

サリヴァンによると、妄想は生きる意味を失い不安と迷いの中にある患者さんを、一時的にせよ救う効果がある。人生のすべてが疑わしく、何を頼りに生きればよいのか分からなくなっている人の心に、迷信やいかがわしい宗教がたやすく忍び込むように、妄想は患者さんを誤った形で再統合する。すなわち妄想とは、「霊」精神層の脱落したアンヘドニアを、「魂」精神層で修復しようとする生産症状である。

生きる意味が分からず、不安の中で自責に苦しむ患者さんが、なぜ被害妄想を抱くのか。これを考えるヒントをルサンチマンに求めることができる。ルサンチマン（ressentiment, 怨恨、反感、逆恨み）とは、ドイツの哲学者ニーチェが一八八七年『道徳の系譜』において取り上げた、弱者が強者に抱く価値の転倒である。自分には価値がない、他人に迷惑ばかりかけていると自責に苦しむ患者さんは、現実にはその上下関係をただちに逆転できないために、ルサンチマンを用いて内面の価値を転倒させ、「自分は悪くない、相手のほうが悪い、親の育て方がまちがっていた、自分をのけ者にした社会を恨んでやる」と論点をすりかえ、責任を転嫁すること、すなわち他人から迷惑をかけられていると確信する被害妄想を抱くことで自らを錯覚させ、主観的な安寧をえるのである（濱田秀伯『ラクリモーサ』）。

ラボリの侵襲学に見るとおり、自分の身を守ろうとする身体反応がかえって病気を造り出してしまうように、精神病においては失われたものを取り戻そうとする過剰な心理反応が、妄想という精神病症状を造り出すのである。

4　霊性の展開

精神病の最初の脱落症状、生きる意味を失うアンヘドニアは、脳ではなく、環境でもなく、人間精神の最上部あるいは最深部にある実存の次元、「霊」精神層に起こる。

ユダヤ・キリスト教は、ギリシャ哲学に知られていなかった霊という新しい概念を導入した。霊はヘブライ語でルーアッハ、ギリシャ語でプネウマ、ラテン語でスピリトゥスといい、これが英語のスピリチュアリティになった。旧約聖書に約三百九十回、新約聖書には約三百八十回登場し、この世に生きるすべてのものに命を与える息吹、風、神の創造力を意味している。創世記には次のように記されている。

主なる神は、土(アダマ)の塵(ちり)で人(アダム)を形づくり、その鼻に命の息を吹き入れられた。人はこうして生きる者となった。

(創世記2・7)

神による「命の息」がプネウマ、スピリトゥスである。「生きる者」はヘブライ語でネヘシュ(ネフェシュ)といい、旧約聖書に約七百五十回登場する。このギリシャ語訳がプシュケーで、内在する生命力、魂を指し、心理学(psychology)、精神医学(psychiatry)の語源になった。ラテン語はアニマ、英語はソウルである。

霊と魂は、わが国では一まとめに霊魂と呼ばれがちであるが、本来は別々のもので、その背後には、人間は神の被造物、自力でこの世にあるのではなく、神との関係に生きる存在という理解がある。霊は古代から中世までは医療の重要な要素であった。しかし自然科学が発展すると迷信、根拠のないものとして排除されていく。

霊を近代医療に復活させたのは、アメリカの内科医オスラーである。カナダの貧しい牧師の家に生まれた彼は、十九世紀後半に創立当時のジョンズ・ホプキンス大学で教授をつとめた(日野原重明『医学するこころ――オスラー博士の生涯』岩波書店、二〇一四年)。彼は、自然治癒力を重視して最小限の薬しか処方せず、今日のベッドサイド・ティーチングをはじめて試み、一八九二年には名著と評判の高い内科学教科書を著している。オスラーはもともと神学を志しており、一九一〇年「癒す信仰」という講演において、患者さんの霊性や信仰が健康、治療に与える可能性を喚起した。さらにキュアとケアを区別し、「私たち医師は病気をほとんど治せない。せいぜい回復させているに過ぎない。しかしどんな患者でも、たとえキュア、治せなくても、死を迎えようとしている患者にも、ケアすることはできる」と述べた。

ＷＨＯがスピリチュアルの語を用いたのは一九八〇年代におけるがんの緩和ケアの領域においてであり、一九九八年には、健康の定義に霊を加える以下の改正案を提案した。

健康とは、肉体的、精神的、霊的、社会的に完全に満ち足りた動的状態のことで、単に病気にかかっていないとか、病弱でないということを指すのではない。

改正案は最終的に採択には至らなかったが、提案の背景には、近代から現代において、宗教を放棄し合理主義に偏った人間把握への批判がある。すなわち、自然科学の名のもとに物質レベルの原因探求と除去のみを求め、機械論的、実証的な側面を加速させて全体的な健康を顧みなくなった医学への反省である。

5　精神病の治療

精神病は、三層構造をなす人間精神の全体的解体なので、それぞれの精神層に対応する治療がある。侵襲後振動反応を提唱したラボリは、ショック状態の治療には、生体が起こす全身反応を強めるのではなく、逆にすべての反射を遮断し冬眠状態におく方法が有効だと考え、当時フランスのローヌプーラン研究所で開発された新しい抗ヒスタミン薬クロルプロマジンを投与して大きな成功をおさめた。一九五二年パリのサンタンヌ病院で精神科医のドレーとドニケルが、クロルプロマジンを精神病に試み、精神医学にはじめて薬物療法の扉を開いた（J・ドレ／P・ドニケル『臨床精神薬理学』秋元波留夫／栗原雅直訳、紀伊国屋書店、一九六五年）。今日、私たちは脳を中心とする「体」精神層に有効な、抗精神病薬、抗うつ薬、抗不安薬、気分安定薬、睡眠薬など多数の薬物を手にしている。

「魂」精神層には精神分析、認知行動療法、カウンセリングなど、さまざまな技法の心理・精神療法がある。

「霊」精神層に働きかけ、霊性を賦活化する治療がスピリチュアル・ケアである。スピリチュアル・ケアは、わが国ではもっぱらホスピスのケア、終末期医療として知られている。精神医学では自殺を除くと、病気で亡くなる患者さんは、それほど多くはない。しかし生きてはいても、三十年も入院生活を送っている患者さん、引きこもり社会活動を停止した患者さんが多数いるのであるから、精神医学にこそスピリチュアル・ケアが必要ではないだろうか。

精神医学的スピリチュアル・ケアの目的は、ものの見方すなわち視点の転換である。すなわち生きかたの中心を自分ではなく自己を超越するものへ置き換え、生きる次元を変更することで、その本質は祈りにある。

祈りは第一に、自己の否定的な肯定である。人は祈っているときに自己を離れ、超越する何かに自分を委ねる。祈りは、聖なるものの前では自分が相対的存在にすぎない、無力であるという否定的な自覚に始まる。神は人間にとってまったく異質な存在、絶対他者（das Ganz-Andere）であり、両者の距離が絶望的に遠いことから、人間は創られたものであるという被造物感と、再び結びつきたい渇望が生じる。自己否定から導かれた再結合への渇望が、逆説的に人間に生きる意味、希望、勇気、自己を肯定できる確信を与えてくれる。

祈りは第二に、瞑想や座禅のように周囲から自己を孤立させるのではなく、他者を包括するものである。シェーラーは、人間の体験内容が自己と他者に分化する以前の根源的心的領域に、自他未決定の体験流（indifferenter Strom der Erlebnisse）を想定している。彼はここから、自我が自己意識から出発して他我の意識に向かうのではなく、自他未分化な心的生活全体の流れから、むしろ他者の意識が自己意識に先行し、人格の成熟に応じて徐々に自己の境界を区切るようになると考えた。人間は生命共同体におかれた本質・必然的に社会的な存在なのである（M・シェーラー「同情の本質と諸形式」青木茂／小林茂訳、飯島宗享／小倉志祥／吉村伝三郎編『シェーラー著作集8』白水社、二〇〇二年）。

祈りは第三に、愛と感謝を含んでいる。シェーラーによると、愛とは自己から出て他者へ働きかけ、対象のなかに高い価値を生み出す作用（Akt）であり、互いの人格同士が向き合う間人格的現象である。人間は本来、自分のためではなく他者のために祈る。それは祈ることで、自己を出て相手に働きかけ、相手のなかに高い価値を生み出す作用、愛にほかならない。一方、自分も他者からの祈りのなかにあり、無数の愛のなかに生きている。そのことに気づくと、祈りは自然に感謝になる。このように祈りとは、人間を次元の異なる二つの方向、すなわち垂直方向には聖なるもの、永遠者、宇宙、神などと、水平方向には他者と間人格的に結びつける。

こうして精神医学的スピリチュアル・ケアは、治療の場を祈りと愛で満たし、患者の生きる方向を転換させ、治療的回心に導くものである。すなわち自己を超越するもの、神からの呼びかけに応答責任を果たすことで、霊への扉を開き、飛躍して大きな生命の流れにのることにほかならない。

6　人間学としての精神医学

私たちはだれも、この世の悪に誘惑され、揺れ動く心をもち、傷つきながら人生を歩む旅人である。キリスト教の「罪」と「悪」にはさまざまな考え方がある。そこで、神から離れることを「罪」、それを修復するために地上に偶像を築くことを「悪」と解釈するなら、精神病の脱落症状を「罪」、生産症状を「悪」に対応させることも可能である。

心の方向を、信仰によって地上から神へと転換することを、キリスト教では回心・メタノイア(metanoia)と呼んでいる。精神医学のスピリチュアル・ケアとは、祈りにより自己を超越する存在と交流し、生きる次元、目指すべき価値を方向転換させること、すなわち生産症状を放棄して脱落症状を回復させる治療的回心・メタノイアに導くことにほかならない。

基礎医学は自然科学サイエンスであるが、患者さんに向き合う臨床医学は、純粋なサイエンスにとどまらず、アートとしての側面をもっている。精神医学は脳や心理学を研究し、その成果を取り入れて今日まで発展してきたが、これらと同じではない。

人間の心と体には、ふだん健康な時は気にとめることがなく、病気になってはじめて分かることが少なくない。病気から健康を考えることを病理法という。精神医学は、病理法を用いて人間精神のあるべき姿、自己を超越する霊を考え、これら全体を包括して生きる希望をもたらす人間学である。

注

（1）精神医学では病気の定義や範囲があいまいである。個人が精神活動を行なう上で何らかの困難があり、診察して一定の症状が認められる場合に精神障害（障碍、障がい。mental disorder）と呼んでいる。そのうち医療の対象となるものを精神疾患（mental illness）、ある重症度を有するものを精神病（psyhosis）という。代表的な精神病は統合失調症である。不安症、うつ、ストレス症などは動物にも起こるが、精神病は人間に特有の精神疾患である。その理由は精神病だけが霊性と関わりをもつからで、人間は精神病と引き替えに動物を乗り越えたのである。精神病を発病すると、日常では感知しえない人生の神秘、生きる真髄に到達することもできるが、一方、病気が進行すると人間性も失われる。

「他者のための人」——現代イエズス会の教育精神

川中　仁

はじめに

二〇一八年十月三―二十八日にバチカンで開催された「若者、信仰、召命の識別（Young People, the Faith and Vocational Discernment）」[1]をテーマとするシノドス（世界代表司教会議）を契機として、次世代を担う若者をどう育ててゆくのかという課題があらためてクローズアップされることとなった。世界にとっても、教会にとっても、若者こそは、まさに未来の担い手である。それゆえ、若者の養成は、われわれの取り組むべき最重要課題の一つであるということができるであろう。

そこで、小論では、現代イエズス会における教育精神を取り上げ、若者をどう育てるのかという若者の人材養成について考えてみたい。その際、まず「正義を行う信仰（Faith that does justice）」という現代イエズス会の根本ミッションをイエズス会総会文書[2]から確認したうえで、次にその現代イエズス会の根本ミッションの背景のもとで提唱された「他者のための人（Men for Others / Hombres para los demás）」という教育精神について概観し、最後に、「他者のための人」の養成の具体的な試みとしてイグナチオ的リーダシッププログラム（ＩＬＰ）について考えてみたい。

1　現代イエズス会の根本ミッション――「正義を行う信仰（Faith that does justice）」

(1) イエズス会第三二総会（一九七五年）――「正義と信仰の促進（Promotion of Justice and Faith）」

第二バチカン公会議による教会刷新の高揚した雰囲気の中で開催された、イエズス会第三一総会（一九六五／六六年）で、イエズス会日本管区に所属するペドロ・アルペ（Pedro Arrupe. 一九〇七―九一年）がイエズス会第二八代総長に選出された。このアルペ総長の統治期に開催された第三二総会（一九七五年）で、イエズス会は、歴史的な転換点を迎えることとなった。同総会第四教令（一九七五年五月八日）では、次のように述べられている。

今日におけるイエズス会の使命は、信仰への奉仕であり、正義の推進は、その奉仕が絶対的に要求することの一つである。神との和解は、人間同士の和解を要求するからである。(3)

イエズス会第28代総長
ペドロ・アルペ神父

すなわち、イエズス会創立以来の伝統的なミッションである「信仰への奉仕（service of faith）」に加えて、「正義の促進（promotion of justice）」、すなわち福音の社会的次元での展開という新たなミッションに、イエズス会が会全体として積極的に取り組むことが宣言されたのである。このイエズス会第三二総会におけるイエズス会のミッションの社会的次元での新たな展開は、第二バチカン公会議「現代世界憲章（*Gaudium et spes*）」（一九六五年十二月七日）で提示された、「仕える教会」という新たな教会理解に呼応するものということができるであろう。こうして、現代イエズス会は、「信仰への奉仕（service of faith）」と「正義の促進（promotion of justice）」を両輪のように根本的なミッションとして掲げ、「正義を行う信仰（Faith that does justice）」によって根本的に方向づけられることになったのである。

(2) イエズス会第三五総会（二〇〇八年）

第三二総会からほぼ三十年経った二〇〇八年に開催されたイエズス会第三五総会では、上智大学神学部の元教員でイエズス会日本管区に所属するアドルフォ・ニコラス（Adolfo Nicolás 一九三六年―）が第三〇代総長に選出されるとともに、一九七五年の第三二総会第四教令で宣言された「正義と信仰の促進」があらためて再確認された。

> 信仰への奉仕と正義の促進は、分たれない一つのものとして、いまなおわたしたちのミッションの核心である。(4)

第三二総会後、イエズス会内部で、社会正義の推進をめぐって深刻な緊張と対立がもたらされることとなった。(5) このような歴史的背景の中で、「和解のミッション」という「正義の促進」についての新たな理解が提示され、現代イエズス会のミッションが再定義されることで、第三二総会後のイエズス会内部における分断を克服することにもなるのである。「和解のミッションを委ねられたわたしたちは、正しい関係を築いて新しい世界を構築するように、またあらゆる分裂がなくなり、すべての人に神が正義を回復してくださる新しいヨベルの年をもたらすように、呼ばれている」[6]。正義の実現は、根本的に世界における関係性構築によって成し遂げられるものである。その際、「和解のミッション」は世界における新たなネットワークの構成として提示される。「わたしたちは、世界的共同体として、また同時に各地の共同体を結ぶひとつのネットワークとして、世界中の人々に仕えようとする」[7]。

⑶イエズス会第三六総会（二〇一六年）――「和解のミッション（mission of reconciliation）」

二〇一六年に開催されたイエズス会第三六総会[8]では、ニコラス総長の退任にともない、アルトゥーロ・ソーサ（Arturo Sosa. 一九四八年―）が第三一代総長に選出された。同総会では、前回の第三五総会で打ち出された現代イエズス会の根本的な方向性を継承し、第三二総会第四教令で宣言された「正義と信仰の促進」を再確認した。第三六総会でも、第三五総会と同様に、「正義の促進」は根本的に「和解のミッション」として提示される[9]。

三五総会が提示した和解のミッションの三つの側面、すなわち神との和解、人間同士の和解、そして全被造界との和解は、新たな緊急性を帯びてきた。こうした和解は、つねに正義と関わるものであり、それぞれの社会や状況の中で識別され、実践されるものである[10]。

第 36 総会で選出されたソーサ現総長（右）とニコラス前総長（左）

第三六総会では、「和解のミッション」について第三五総会で挙げられた、①神との和解（reconciliation with God）、②人類との和解（reconciliation with humanity）、③創造との和解（reconciliation with the creation）という「和解のミッション」の三次元[11]を確認しつつ、「和解のミッション」と正義の密接な関連性が強調される。こうして、第三六総会で「和解のミッション」というイエズス会の根本的な方向性が定められたのである[12]。

2　「他者のための人（Men for Others / Hombres para los demás）」

(1)「他者のための人（Men for Others）」（一九七三年）

一九七三年七月二十九日―八月一日にスペインのバレンシアで開催された、第一〇回ヨーロッパ・イエズス会学校卒業生大会で、アルペ総長が講演[13]を行った。その講演の際に提示された「他者のための人（Men for Others）」は、現代イエズス会教育の根本方針となり、現在、全世界のイエズス会系の教育機関で共有する教育精神となっている。

今日、私たちの教育の第一は、「他者のための人間（Men and women for others）」を育成することでなければなりません。すなわち、自分自身のためではなく、神のため、全世界のために命を与えたキリストのために生きる人間［…］です。

「他者のために生きる人間（Men and women for others）」――それこそ、イエズス会教育というより、カトリック学校教育の最高目的です。基本的な教育、高等教育、また生涯教育の目的はそのような人間を育てることでなければなりません。

この講演が行われたのは一九七五年のイエズス会第三二総会に二年ほど遡る。だが、講演全体は、後に第三二総会第四教令で宣言されることになる「正義と信仰の促進」の理念で全体的に特徴づけられている。実際、同講演は、「正義のための再教育（Re-Education for Justice）」という標題のもと、以下のような出だしで始まっている。

近年、正義のための教育（Education for justice）がカトリック教会では主要な関心事のひとつとなってきました。なぜでしょうか？　それは、正義の推進や抑圧された人々の解放に関わることが、キリストから教会に委ねられた使命の不可欠の要素であると新たに認識するようになったからです。［…］

ここで、「正義の推進や抑圧された人々の解放に関わること（participation in the promotion of justice and the liberation of the oppressed）」が教会に委ねられた使命の不可欠の要素であることが強調されている。

この発言は、従来のイエズス会教育において、いわゆる社会正義の問題、すなわち福音の社会的次元での展開に関する取り組みが疎かにされてきたという認識にもとづいている。イエズス会教育における社会正義の問題への取り組みの必要性を強調する、このアルペ総長の講演は、結果として長年イエズス会教育に携わってきた関係者たちを非難・糾弾することにもなり、賛否両論をもって受けとめられることとなった。いずれにせよ、アルペ総長が提唱した「他者のための人」という教育精神は、元来は決して価値中立的に一般的な意味で他者への奉仕について述べられたものではなかったのである。

(2)「イエズス会教育の特徴」(一九八六年)――「他者のための男女(Men and Women for Others)」

一九八六年、イエズス会第二九代総長ペーター・ハンス・コルベンバッハ(Peter Hans Kolvenbach. 一九二八―二〇一六年)のもと、イエズス会中等教育に関する文書「イエズス会教育の特徴(*The Characteristics of Jesuit Education*)」(一九八六年十二月八日)[14]がだされた。一九七三年のアルペ総長の講演の際に強調されていた社会正義の問題への取り組みは、やや後退してはいるものの、同文書でも、アルペ総長によって提唱された「他者のための人」の養成がイエズス会教育の中心であることが再確認されている。

今日、イエズス会教育の目的は、「波及効果の担い手(multiplying agents)」、「他者のための男女(men and women for others)」を育成することだと言われています[15]。

ここで、イエズス会教育が目指す「他者のための人」とは、「他者への奉仕（service of others）」に従事する者である。「生徒たちは、神への愛の発露として、与えられた才能を他者の奉仕のために使うよう励まされます[16]」。

また、「他者のための人」とは、他者と協働することのできる人物である。「そのためイエズス会学校は、生徒たちが将来どのような地位についたとしても、神の国に奉仕する者として、すべての人の善のために他者とともに働くことができる精神と心を育てていきます[17]」。このように、「他者のための人」という教育精神には、「他者のための人」という人材養成の目的を共有しつつ、様々な立場の人びとと協働[18]するということが含まれている。

上智大学のほか四校のイエズス会系中高等学校を経営する上智学院の教育精神は、「他者のために、他者とともに（Men and Women for Others, with Others）」であり、上智学院の教育精神では、アルペ総長の提唱した「他者のための人（for others）」に「他者とともに（with others）」が付加されている。この「他者とともに（with others）」の付加自体は、上智独自のものというわけではなく、世界のイエズス会系教育機関の教育精神に散見されるものである。その起源は、イエズス会第三四総会教令（一九九五年九月二十七日）にある。同教令第一三教令では、イエズス会員についてこう述べられている。「イエズス会員は、『他者のための人（men for others）』であり、また『他者とともにある人（men with others）』である。このわたしたち固有の生き方が有する本質的特徴のゆえに、わたしたちの霊的・使徒的な遺産を分かち合うよう、他者と共働し、他者に耳を傾け、他者から学ぶ、態度と心構えが要求される。『他者とともにある人（men with others）』であることは、わたしたちのカリスマの中心的側面であり、イエズス会員をイエズス会員たらしめる個性を深化させる」[19]。「他者とともに（with others）」で目指しているのは、他者へと開かれた者として、「他者と協働し、他者に耳を傾け、他者から学ぶ」ことのできる人物像なのである。

3 「他者のための人」の養成

(1) 「イグナチオ的リーダーシップ（Ignatian Leadership）」（一）

イエズス会教育の目的は、伝統的に「リーダー（leaders）」の養成にあるとされてきた。「イエズス会教育の特徴」でも、次のように述べられている。

> イエズス会教育の伝統的な目標は「指導者（リーダー leaders）」を養成することでした。その「指導者（リーダー）」とは、社会の中で責任ある地位を引き受けることによって他者によい影響を与える人を意味します[20]。

「今日のイグナチオ的教育方法（*Ignatian Pedagogy Today*）」（一九九三年四月二十九日[21]）でも、コルベンバッハ総長はこう述べている。「わたしがここで皆さんに強調したいのは、皆さんの生徒たちが彼らそれぞれの世界でのリーダー（leaders in their world）となるように招かれている事実を、強く自覚していただきたいということです」。イエズス会教育におけるリーダーの養成の伝統の流れの中で、現在、全世界のイエズス会系教育機関で「イグナチオ的リーダーシッププログラム（Ignatian Leadership Program）」（以下、ＩＬＰと略記）と称する各種プログラムが盛んに催されている。日本でもイエズス会系の四校の中高等学校でＩＬＰが積極的に実施されている。

このような「イグナチオ的リーダーシップ（Ignatian Leadership）」（以下、ＩＬと略記[22]）の隆盛は、リーダーシップ論の観点からイエズス会の霊性を紹介した、クリス・ロウニー（Chris Lowney）の『英雄的なリーダーシップ（*Heroic Leadership*）』[23]（二〇〇三年）の論考を一つの契機とするものということができるであろう。[24]同書の末尾で、Ｃ・ロウニーは、イグナチオ的なリーダーシップのあり方を生きた者たちの体現した「四つの価値（four values）」として、①「自己への気づき（self-awareness）」、②「創意工夫（ingenuity）」、③「愛（love）」、④「英雄的であること（heroism）」の四点にまとめている。[25]ロウニーのいう「英雄的であること」の曖昧さはさておき、「四つの価値」にまとめられたＩＬの特徴は、実際のところ一般的なリーダーシップ論にもあてはまることである。それゆえ、その特徴は、イエズス会の霊性とは無関係に一般的なリーダーシップ論からも導き出すことができるものとなっている。では、一般的なリーダーシップ論とは区別されるＩＬ固有の特徴とは何なのであろうか？

これについて考えるために、信徒の立場からＩＬについて積極的に発言しているセーラ・ブロスコム（Sarah Broscombe）の論考から、ＩＬについて考えてみたい。ブロスコムは、「イグナチオ的リーダーシップとは何か？」（*What is Ignatian leadership?*）（二〇一七年九月一日[26]）というネット上の記事の論考で、ＩＬの特徴として①「謙遜（Humility）」、②「自由（Freedom）」、③「慰め（Consolation）」、④「方向感覚（Sense of direction）」、⑤「識別（Discernment）[27]」の五つを挙げている。そのうち、特に「識別」について、こう述べている。「識別――『心の中で感じ、精神で思いめぐらした動き』に気づくこと――は、イグナチオ的な行動様式の中心にある。これはイグナチオ的な特徴の最高峰にあるもので、そのすべてを統合するものである」。ここで、ブロスコムは、「識別」を「心の中で感じ、精神で思いめぐらした動きに気づくこと」とまとめたうえで、「識別」こそがイグナチオ的リーダーシップで最も重要な特徴であり、挙げられた諸特徴を統合するものであるとしている[28]。ただし、ブロスコムは、その際、この五つの特徴は、あくまでも例示的提示であって、包括的提示ではないことを強調している。「ここで、イグナチオ的リーダーに典型的な五つの特徴をあげたい［…］この五つは、思考を呼び起こすものであって、決して包括的なものを提示しようとするものではない」。

また、「正義の促進（*Promotio Iustitiae*）」誌の論考[29]では、S・ブロスコムは、ILにおける「実りをもたらすオリエンテーション（an orientation that bears fruit）」について述べ、ⓐオリエンテーション（orientation）として「真正さ、神との親しさ、自由、謙遜」、ⓑ実り（fruits）として「霊魂を助けること、寛大さ、分別ある愛、識別、知恵、変化への開き、慰め」を挙げている。さらに、イエズス会会憲七二三番[30]に言及しつつ、「神との親しさ（friendship with God）」こそが、ILの源泉であるとしている。「わたしたちの神との親しさは、わたしたちのリーダーシップを調和のとれたものとする源泉であり、またそこからわたしたちの態度と行動がでてくるのである」。そのうえで、ILについてこう述べている。「結論として、イグナチオ的リーダーシップとは、実りをもたらす深みのある統合的なオリエンテーション（a deep, integrative orientation that bears fruit）であって、リーダーシップのモデルや図式ではないと思われる[31]」。

ブロスコムによる二つの論考を比較してまず気づくのは、両論考において例示的に挙げられたＩＬの特徴が、部分的に重なりつつも、完全には一致していないことである。[32] そこで挙げられた特徴は、ロウニーの挙げたＩＬの四つの特徴とも一致していない。ブロスコムは、ＩＬがイグナチオの霊性の体験にもとづくものであることを強調しながら、次のように述べている。「イグナチオ的リーダーの特徴となるものは何か？　単純な定式だと全く不十分なものとなってしまうであろう。それは、『イグナチオ的リーダーシップ』が、一貫した理論でも、また学問体系でもないからである。それは、世界に自らを投げ込む生きた体験で、霊操とイエズス会の歴史に深く根ざした根本姿勢である」[33]。つまり、ＩＬについて述べられていることは、元来リーダーシップ論に関するものというわけではなく、イグナチオの霊性の特徴を例示的に提示したものである。つまり、ＩＬとは、イグナチオの霊性の具体的な例示にほかならないのである。リーダーシップ論としてのＩＬの曖昧さも、まさにこの点に由来している。その意味で、ＩＬとは、イグナチオの霊性の簡略版（霊操一八番参照）として、イグナチオの霊性をまとめたものということができるであろう。

そもそも、人材養成のみならず、組織論でも「リーダーシップ」のみについて語るべきものかどうかについても議論の余地があろう。[34] いかなる組織においても、「リーダー」のはたすべき役割は大きいにせよ、すべての組織の構成員が等しく「リーダーシップ（leadership）」の担い手であることを期待されているわけではない。むしろ、組織を構成する大半の者たちに実際のところ求められているのは、「リーダーシップ」よりもむしろ「フォロワーシップ（followership）」である。もちろん、ここで念頭におかれているのは、単に従属的かつ受身的な意味での「フォロワー」ではない。そうではなく、あくまでも組織において積極的な役割を担うことが期待される構成員としての「フォロワー」である。実際、真に活力のある組織においては、良き「フォロワー」であることこそが、一人ひとりの構成員に期待されている資質なのである。

さらに、イグナチオ自身による人材養成で目指したのが「同志たち（compañeros）」の獲得だったことを思い起こすならば、「リーダーシップ」よりはむしろ「コンパニオンシップ（companionship）」こそが、イグナチオ的な人材養成に最もふさわしい概念ということもできるであろう。イグナチオ・デ・ロヨラの『自叙伝（*Autobiografía*）[35]』では、イエズス会創立の中心的メンバーとなったペトロ・ファーブルとフランシスコ・ザビエルの同志獲得の次第について、こう述べられている。「このころ、かれは学士ペトロ・ファーブルと学士フランシスコ・ザビエルと知り合ったが、後ほど霊操によって、このふたりを神に奉仕する者とすることに成功した」。いずれにせよ、イグナチオ的な人材養成の目的が「リーダーの養成」にあるということを自明の前提とすべきではないであろう。

(2)「仕えるリーダー（leaders in service）」の養成

「イエズス会教育の特徴」では、イエズス会教育における人間論的規範を具体的な歴史的人物としてのナザレのイエスの生涯のうちに求め、「モデルとしてのキリスト（Christ the model）[36]」ということが謳われている。それゆえ、イエズス会教育の目指す人物像には、通常のリーダーシップ論とは区別される固有の聖書的な特徴がある。それは「仕える（διακονέω）」という行動様式で特徴づけられる人物像である。マルコによる福音書10章43―45節では、こう述べられている。

しかし、あなたがたの間では、そうではない。あなたがたの中で偉くなりたい者は、皆に仕える者になり、いちばん上になりたい者は、すべての人の僕《しもべ》になりなさい。人の子は仕えられるためではなく仕えるために（οὐκ ἦλθεν διακονηθῆναι ἀλλὰ διακονῆσαι）、また、多くの人の身代金として自分の命を献げるために来たのである。

ここに描かれた「仕える者」の姿こそ、イエズス会教育の人材育成で究極的に目指すべき人物像である。それはまた第二バチカン公会議「現代世界憲章（*Gaudium et spes*）」（一九六五年）で打ちだされた世界と人びとに奉仕する教会という新たな教会像とも重なり合う。「教会の望むことはただ一つ、すなわち真理についてあかしをするため、世を裁くためではなく救うため、仕えられるためではなく仕えるために（ut ministraret, non ut sibi ministraretur）この世に来られたキリスト自身のわざを、弁護者である霊の導きのもとに継続していくことである[37]」。

「イエズス会教育の特徴」では、イエズス会教育における「ときには行き過ぎで修正しなければならないこと」、すなわち従来のイエズス会教育で陥りがちであった誤った傾向について、次のように述べられている。

この目標は、ときには行き過ぎで修正しなければならないこともありました。かつてどのような誤解があったにせよ、現在理解されているイグナチオの世界観の中でのイエズス会教育の目標は、社会的・経済的エリートを育てることではなく、仕えるリーダー（leaders in service）を育てることです[38]。

確かに、イエズス会教育の歴史の中で伝統的に取り組んできた人材養成が、高度な知的養成を重視する中で、自然とエリート主義的な傾向をもつようになってきた事実は否めない。イエズス会教育における「リーダー」という概念も、そのようなエリート主義的な意味での人材養成とまったく無縁ではない。だが、ここで強調されているように、「仕えるリーダー（leaders in service）[39]」の養成こそが、まさにイグナチオ的な人材養成で目指すべき人物像であるならば、誤解を避けるためにも、イエズス会教育の人材養成に関しては、「リーダー」ないし「リーダーシップ」という概念にあえてこだわるべきではないであろう。マルコによる福音書10章45節のイエスにあるように、あえてリーダーになろうと志すことよりも、むしろ「仕える」ことに徹することこそが、聖書的な行動様式であり、イエズス会教育が拠って立つところの聖書的な価値観にもとづく人物像だからである。

結び

小論では、若者をどう育てるのかという課題について考えるために、現代イエズス会における教育精神を取り上げ、「正義を行う信仰」という現代イエズス会の根本ミッションの背景のもとで、アルペ総長によって提唱された「他者のための人」という教育精神とその養成の具体的な試みとして「イグナチオ的リーダーシップ」（ＩＬ）について考えてみた。

アルペ総長によって提唱された「他者のための人」という教育精神は、聖書的な意味で「仕える者」（マルコ10・45参照）にほかならない。それゆえ、イエズス会教育で目指すべき人材養成は、何よりも「仕える者」としての「他者のための人」の養成にあるということができるであろう。それゆえ、「仕えるリーダー」の養成こそが、現代イエズス会教育の取り組むべき人材養成である。ただ、従来のイエズス会教育においてリーダーの養成が伝統的な教育目標であったにせよ、「リーダー」という概念にこだわるべきではないであろう。むしろ、イエズス会教育における最優先の課題は、「仕える者」としての「他者のための人」の養成をとおして、世界にイエスの価値観を浸透すべく派遣される人材を養成することにあるのである。

注

（1） http://www.synod2018.va/content/synod2018/en.html

（2） 現代イエズス会の総会文書（第三一―三五総会）の英訳として、以下を参照。*Jesuit Life & Mission Today. The Decrees & Accompanying Documents of the 31st–35th General Congregations of the Society of Jesus*, ed. John W. Padberg, Saint Louis: The Institute of Jesuit Sources, 2009. 小論で言及する総会文書の邦訳は、以下のイエズス会日本管区訳を用いる。『イエズス会三二総会教令　一九七四年―一九七五年』（一九七六年）、『イエズス会三四総会教令　一九九五年』（一九九七年）、『イエズス会三五総会教令　二〇〇八年』（二〇〇八年）、『イエズス会三六総会教令　二〇一六年』（二〇一七年）。

(3) イエズス会第三二総会第四教令二(四八)。
(4) イエズス会第三五総会第二教令一五。
(5) 第三二総会後のイエズス会内部にもたらされた分断につき、以下を参照。第三四総会第三教令二(五一)：「わたしたちは、これまでの歩みにおいて失敗のあったことも認める。正義の促進は時に、その源泉である信仰から離れたこともあった。教条主義やイデオロギーから、わたしたちは時に会員同士を仲間というより敵対者として扱うこともあった」。
(6) イエズス会第三五総会第三教令一六。
(7) イエズス会第三五総会第二教令二〇。
(8) イエズス会第三六総会文書を中心にして、現代イエズス会の根本ミッションが「和解のミッション」としての正義の促進にあることを紹介するものとして、以下を参照。川中仁「『和解のミッション』——現代イエズス会の新たなミッション」、片山はるひ/髙山貞美編著『和解と交わりをめざして——宗教改革五〇〇年を記念して』日本キリスト教団出版局、二〇一八年所収、58—74頁。
(9) イエズス会第三六総会第一教令三：「[…]、そこに[この世において]神の働きのしるしを認識することができる。それは、神がキリストにおいて始めた和解の働きであり、正義、平和、被造界がみ国で完成される和解である。[…]アドルフォ・ニコラス総長の和解についての書簡や、教皇フランシスコの教えは、この和解の捉え方に更なる深みを与え、信仰、正義、貧困者や疎外された人々との連帯を、和解のミッションの中心に据えてきた」。
(10) イエズス会第三六総会第一教令二一。
(11) イエズス会第三五総会第三教令一二：「このような大きな変貌を遂げたグローバルな世界では、わたしたちは、信仰の奉仕、正義の促進、文化や他宗教との対話に奉仕する召命を、さらに深く理解したいと願う。特に、神、人間相互、そして被造界との正しい関係を築くという使徒的責務に照らしながら、この召命の理解を深めることを望む」。第三五総会における和解の三次元の詳細につき、同総会第三教令一九―三六参照。

（12）イエズス会高等教育機関に関しても、「正義の促進」が根本的な使命であることが強調されている。「イエズス会の大学における正義の促進（*The Promotion of Justice in the Universities of the Society*）」五：「［イエズス会］大学は、その価値観と成し遂げた業とが一貫している真の共同体をつくることによって、正義の促進という自らの使命（its mission of promoting justice）を果たすことができます」。http://www.sjweb.info/documents/sjs/pj/docs_pdf/PJ_116_ENG.pdf. 邦訳：「イエズス会の大学における正義の促進（*The Promotion of Justice in the Universities of the Society*）」、「正義の促進（*Promotio Iustitiae*）」（n° 116, 2014/3）イエズス会社会司牧センター監訳、二〇一五年。

（13）http://www.sjweb.info/documents/education/arr_men_sp.pdf; http://www.sjweb.info/documents/education/arr_men_en.pdf

ペドロ・アルペ「Men for Others」イシドロ・リバス／李聖一訳、イエズス会教育推進委員会編集『イエズス会教育基本文献集』二〇〇一年所収、3―22頁。

なお、一般に流布されている同講演の英訳は、スペイン語の原文テキストから忠実に訳出されたものではなく、英訳者によるいわば翻案である。同講演テキストの原文と翻訳の詳細につき、上記 arr_men_en.pdf, p. 2f.: José Mesa, *A Little bit of History about "Men for Others" English Translation* 参照。

（14）*The Characteristics of Jesuit Education*, in: *Acta Romana Societatis Iesu* (AR) 19 (1986) 770–832.

http://www.sjweb.info/documents/education/characteristics_en.pdf
邦訳として、旧訳：イエズス会教育使徒職国際委員会編『イエズス会の教育の特徴』高祖敏明訳、中央出版社、一九八八年と新訳：イエズス会教育使徒職国際委員会編『仕えるために――イエズス会教育の特徴』梶山義夫監訳、ドン・ボスコ社、二〇〇五年を参照。

(15)「イエズス会教育の特徴」、七d。

(16)「イエズス会教育の特徴」、八二。

(17)「イエズス会教育の特徴」、一一〇。

(18)「協働（collaboration）」は、現代のイエズス会における最優先課題の一つである。第三六総会第二教令でも、こう述べられている。「わたしたちと共に働き、特に、イグナチオの呼びかけを感じてきた協働者のお蔭で、本会のミッションは深みを得、奉仕職は広がっていたのである」（イエズス会第三六総会第二教令六）。従来、「協働」とは、あくまでもイエズス会員とキリスト教・カトリックの一般信徒との間の協力関係を意味していた。だが、現在では、イエズス会系教育機関を含む、イエズス会の事業全般においてキリスト教・カトリックの枠を超えた協力関係が実践されている。この現状に照らし、第三五総会以降、「協働」とは、たとえキリスト教信仰をもたなくても、イグナチオ的な理想を共有するすべての人びととの協力関係と理解されるようになっている。「わたしたちが同じ信仰の仲間だけではなく、他の宗教伝統の人々、またあらゆる国や文化の善意の人々と共に、世界において正義が実現されるために働くならば、わたしたちも豊かになり、収穫は多い」（イエズス会第三五総会第六教令三）。

(19) イエズス会第三四総会第一三教令四（三三四）。

（20）「イエズス会教育の特徴」、一一〇。

（21）https://kolvenbach.jesuitgeneral.org/uploads/ignatian-pedagogy-a-practical-presentation/4bis.%20Kolvenbach_%20P.H.%201993%20ENG.pdf
邦訳：P・H・コルベンバッハ「今日のイグナチオ的教育方法」髙祖敏明訳、『イエズス会教育基本文献集』所収、81—101頁、86頁。

（22）「イグナチオ的リーダーシップ（Ignatian Leadership）」（IL）につき、*Leadership and Governance: A Call to Reconcile and Recreate, Promotio Iustitiae*, n. 125, 2018/1. http://www.sjweb.info/documents/sjs/pj/docs_pdf/PJ_125_ENG.pdf 参照。邦語文献として、李聖一「聖イグナチオに学ぶリーダーシップ」、越前喜六編著『霊性——光輝く内なる言葉』教友社、二〇一七年所収、223—254頁参照。

（23）Chris Lowney, *Heroic Leadership*, Chicago: Loyola Press, 2003.

（24）ニコラス総長は、二〇一三年五月十三日にスペインのバリャドリッドで行われた当時のスペイン・カスティリア管区の長上たち向けのイグナチオ的リーダーシップに関する講話の中で、C・ロウニーの『英雄的なリーダーシップ』に言及し、同講演がこれに触発されたものであるとしている。
http://www.sjweb.info/documents/ansj/130506_Valladolid_Ignatian_Leadership.pdf

（25）C. Lowney, *Heroic Leadership*, pp. 294f.
「[…]、選んだミッションがなんであれ、イエズス会のリーダーシップのあり方を生きた者たちは、四つの価値を体現している。
・自らの強み、弱さ、価値、そして世界観を理解すること

・確信をもって刷新し、適用することで、変化する世界を受けとめること
・ポジティブで愛に満ちた態度で他者とかかわること
・英雄的な望みで自らと他者を力づけること」。

（26）https://www.thinkingfaith.org/articles/what-ignatian-leadership

（27）霊操三一三―三三六番。自叙伝八五・二番参照。

（28）第三六総会の原点にあるのは、ベネチアで共同識別する初期イエズス会員たちの姿（自叙伝九三―九六番参照）である。第三六総会第一教令五：「初期会員たちにとって、共同識別に根差した生き方とミッションとが深く結ばれていた。今日のわたしたちもまた同じ生き方をするように召されている」。第三六総会では、「今日の状況にふさわしい行動様式（Ways of proceeding suited to our times）」（第三六総会第二教令三―九）の一つとして、識別（Discernment）（第三六総会第二教令四―五）が挙げられている。第三六総会第二教令四：「イグナチオの貴重な遺産である識別は、個人としてまた共同体としての使徒的生活に欠くことができない」。

（29）Sarah Broscombe, *Characteristics of Ignatian Leadership: An Orientation that Bears Fruit*, in: *Promotio Iustitiae*, n. 125, 2018/1, pp. 12–16.

（30）イエズス会会憲第九部第二章では、総長のあるべき人物像について取り扱われ、会憲七二三番では、総長に期待すべき資質が述べられている。会憲七二三番：「総長に期待すべき資質を考えると、第一に、祈りとすべての活動においてわが主なる神と密接に一致し、親しい交わりを育んでいる（muy unido con Dios nuestro Señor y familiar）という資質である」。邦訳：『イエズス会会憲　付　会憲補足規定』イエズス会日本管区編訳、梶山義夫監訳、南窓社、二〇一一年。

（31）Sarah Broscombe, *Characteristics of Ignatian Leadership*, p. 16.
（32）イエズス会日本管区でＩＬＰを指導的な立場で牽引してきた李聖一は、「ＩＬを特徴づける言葉」として、以下の七つを挙げている。①“discernment”（識別）②“discrete caritas”（分別ある愛）③“indifferentia”（不偏心）④“agere contra”（反対のことをする）⑤“eliciting the greater desire”（より大いなる望みを引き出す）⑥“cura personalis”（一人ひとりへの配慮）⑦“cura apostolica”（使徒職に対する配慮）。李聖一「聖イグナチオに学ぶリーダーシップ」、232―249頁参照。
（33）Sarah Broscombe, *What is Ignatian leadership?*
（34）自叙伝八二・六番。
（35）*El peregrino. Autobiografía de San Ignacio de Loyola*, Introducción, notas y comentario por Josep M.ª Rambla Blanch, S. I., Bilbao-Santander 1983. 邦訳：イグナチオ・デ・ロヨラ『ロヨラの巡礼者――聖イグナチオ自叙伝』アントニオ・エバンヘリスタ／佐々木孝訳、中央出版社、一九八〇年。
（36）「イエズス会教育の特徴」、四・一（六一―六二）。
（37）第二バチカン公会議「現代世界憲章」三・二項。
（38）「イエズス会教育の特徴」、一一〇。
（39）「仕えるリーダー」と親和性をもったリーダーシップ論として、ロバート・K・グリーンリーフの提唱する「サーバントリーダーシップ（servant leadership）」論を参照。Robert K. Greenleaf, *Servant Leadership. A Journey into the Nature of Legitimate Power and Greatness* (25 Anv edition), Paulist Press, 2002 (1977). 邦訳：ロバート・K・グリーンリーフ『サーバントリーダーシップ』金井壽宏監訳、金井真弓訳、英治出版、二〇〇八年。

ともに歩むこと、ともに変わること——イエズス会教育の変遷からみえてくるもの

松村　康平

「時のしるし」とカトリック教育

イエスは「マタイによる福音書」第16章3節において、「時のしるし τὰ σημεῖα τῶν καιρῶν」を見分ける必要性について語っています。第二バチカン公会議では、この「時のしるし」が重要なキーワードとされ、それを見分け、時代の要請に応答するために「現代化（アジョルナメント）」の必要性が叫ばれたのです。結果としてカトリック教会は現代世界へとその門を開くという大転換を示したのでした。この第二バチカン公会議の後、イエズス会はカトリック教会の変化に応えるように、大きくその方針を転換していきました。現代における「時のしるし」とは何でしょうか。それを教育という観点から見ていきたいと思います。

カトリック教会における男子修道会イエズス会は、世界各地で教育事業を展開しています。【表1】「世界のイエズス会学校における統計」（次頁）に示されるように、その学校の総数は八百四十五校に上ります[1]。

しかし、各学校で働くイエズス会員の数はそう多くありません。【表2】「二〇一三―二〇一七年の

地域	学校	学生	イエズス会員 教員	信徒・非信徒教員
アジア太平洋	43	51,362	88	3,263
北アメリカ	83	54,785	185	6,432
アフリカ	51	36,708	164	2,220
ヨーロッパ	179	198,089	201	13,942
ラテンアメリカ	90	135,572	222	11,269
南アジア	399	400,000	800	11,800
総計	845	876,516	1,660	48,926

【表1】世界のイエズス会学校における統計（2017年）

イエズス会学校で働く会員数」は各学校で働くイエズス会員の人数を直近五年間において経年比較し、その増減率を示したものです。

これらを見ると、各地域における会員の減少は著しいものであることがわかります。昨今、カトリック学校の教育現場をはじめとして教会全体において聖職者の急激な減少が指摘されています。聖職者の減少は日本ばかりでなく、世界的な問題となっています。イエズス会学校で働くイエズス会士に限ってみれば、その数は二〇一三年から二〇一七年の四年間に世界全体では12％の減少がみられ、とりわけ北アメリカ大陸においては31％、ヨーロッパにおいては45％もの減少をみせています。その原因については本稿では詳しく立ち入る余裕はありませんが、修道士の高齢化と同時に召命の減少など様々な要因が考えられるでしょう。

聖職者の減少は、それ自体が非聖職者教員の主体的な働きへの移行を意味します。今までは、多くのカトリック学校で聖職者が教員として働き、非聖職者教員はその「背

	2013年	2014年	2015年	2016年	2017年	5年間の比較
アジア太平洋	83	82	80	88	88	6.0% 増
北アメリカ	271	271	214	188	185	31.7% 減
アフリカ	146	146	146	146	164	12.3% 増
ヨーロッパ	371	371	232	203	201	45.8% 減
ラテンアメリカ	316	316	112	222	222	29.7% 減
南アジア	706	-	820	800	800	13.3% 増
総計	1893	1186	1604	1647	1660	12.3% 減

【表2】2013 − 2017 年のイエズス会学校で働く会員数

中」に倣い、その「言葉」に学んできました。それによって、自ずと学校内にカトリック的雰囲気が醸し出されてきたのです。しかし、そのような未来を描くことが難しくなるこれからにおいて、非聖職者教員はどのようにその役割を担うべきなのでしょうか。そしてどのようにイエス・キリストの福音を次の世代に宣べ伝えることができるのでしょうか。

これらのデータを見て、悲観的に捉える向きもあるかもしれません。しかし、これこそが現代における「時のしるし」のひとつとして、いまを生きる私たちが見分け、読み解かなければならないことであるように思われるのです。本稿では、その試みとして、カトリック教育の中でも特徴的な位置を占めるイエズス会教育に焦点を当て、その発生と展開、変化、そして実践的試みについて触れ、光を当てることで、未来への希望を展望してみましょう。

教育とイエズス会の目的

キリスト教史の中でもイエズス会学校の誕生は大きな出来事であったといえるでしょう。それまでのキリスト教史の中でも教育は重要な位置を占めていたとはいえ、それらは主に聖書を学ぶことに重点が置かれていました。例えば、古代におけるオリゲネスやアウグスティヌスにとって学ぶこととは聖書を学ぶことであり、それらは一種の魂の修練でした。中世に入ると小教区学校や司教学校、修道院学校などが運営されるようになりますが、それらで行われていた教育もまた聖書を基礎とする教養教育を目的とするものでした。

一方でイエズス会学校はどのような目的のもとに発展したのでしょうか。一五五〇年版の「基本精神綱要 *Formula Instituti*」には、イエズス会の設立目的について次のように書かれています。

わが会が特に設立されたのは、信仰の擁護と宣布、またキリスト教的な生活と教義において霊魂が進歩することを心がけるためである。そのために、特に一般信徒向けの説教と講義とあらゆる神の言葉の役務を行い、霊操を与え、子どもや教育のない人々にキリスト教を教え、告白を聴き、他の秘跡を授けることによってキリスト者に霊的な慰めを与える。同時に、わが会は、神の栄光と普遍的な善に役立つと思われるところにより、仲たがいした人を和解させ、監獄と病院にいる者を手厚く援助したり奉仕したりして、あらゆる愛〔慈悲〕の業で隣人を助ける。しかし、これらすべての業をまったく無償で行い、その働きのためにいかなる報酬も受けてはならない。[2]

イエズス会は創立当初において、人々の「霊魂の進歩」を助けることを目的としていました。そのために「説教」、「講義」、「告白を聞くこと」、「秘跡を授けること」あるいは、監獄や病院にいる人々の援助や「愛（慈悲）のわざ」によって隣人を助けることなどを手段として活動する諸々の手段が求められました。ここでは、「講義」と示されているものの、学校教育が主要な事業としては取り上げられていません。創立者であるイグナチオ・デ・ロヨラは『会憲』を作成するためにまとめられた草案の中においても「本会ではいかなる学問研究も講義も行わない（*Constitutiones anni* 1541, 42）」と書いているように、教育事業を主要な事業としてみなしてはいませんでした。

イエズス会学校が作られる以前のイエズス会士と教育との関係は、いわば要請に応えて出向き教授するというスタイルをとっていました。特にイグナチオの最初期の同志である会員であったペトロ・ファーブルとディエゴ・ライネスは教皇の命により、一五三七年にローマのサピエンツァ（教皇庁立大学）で聖書と神学を講義しましたし、またクロード・ジェはドイツのインゴルシュタット大学からの要請を受けて神学を講義しました。

しかし、会員が増えてくると若い会員を養成する必要が出てきました。イグナチオをはじめ初期の会員たちは当時の神学研究の中心地であったパリ大学において学びました。若い会員たちも、有力な大学で学ぶことがその養成に資すると考えたイグナチオは、「学寮 Collegium」を大学の近くに設置しました。養成中の若い会員たちは学寮で生活をし、大学に通うといった養成期間を過ごしたのです。

これら「学寮」においては「講義」は行われていませんでしたが、有力大学がない地域においては、教授資格をもつ会員が一緒に「学寮」に住まい、若い会員に対して「講義」をする事例が出てきました。一五四六年には、スペインのガンディアにおいてこの「講義」に会員以外の一般子弟が聴講を希望し、参加し始めました。これがイエズス会の教育機関で一般子弟が教育を受ける初めての事例となったのです。

イエズス会と一般子弟のための教育

イエズス会の教育に関する評判を聞いたイタリアのメッシーナ市の高官はイグナチオに、当地に学校をつくってほしいと要請しました。一五四八年、それにイグナチオが応えるかたちで何人かの有力会員を送り、最初の一般子弟向けの学校としてメッシーナ学院が設立されたのでした。また「基本精神綱要」には、「これらすべてのわざをまったく無償で行い、その働きのためにいかなる報酬も受けてはならない」と活動における無償制が強調され、このことは『イエズス会会憲』の清貧に関する規定にもはっきりと示されています。(3) このメッシーナの学校は寄付によって運営され、活動の無償制は教育事業においても実現されました。(4) この無償制という特徴はイエズス会学校が広範囲に広まっていく中で大きな利点となっていきました。(5) 特にイグナチオの秘書であったファン・デ・ポランコはイエズス会学校の利点として一五の項目を挙げ、その中には「支払い能力がない学生も教育を受けることができる」、「生徒の両親は教育費の支払いの負担から解放される」(6) など、無償制が学生、またはその両親に対してもたらす利益があると指摘しています。

当時のヨーロッパの社会では、教育は全ての人が受けられるものではなく、むしろ貴族や限られた人々にしかその機会が開かれていないものでした。しかし、教育が無償で提供されるということは、それまで教育を受けることができなかった一般民衆もまた、教育を受けることができることを意味します。イエズス会学校は教育を無償で提供することでヨーロッパ社会の中で教育を受ける機会を一般民衆に対しても積極的に開いていったのです。

このような精神に即してはじめられたイエズス会の一般子弟のための教育事業は、大きく分けて二つの領域①「（会員以外の）市民階級の子弟に対する人文学の教育」、そして②「貧しい人びとに読み書きを教える初等・中等教育」に区分されます。(7) ①に関しては、生徒たちが卒業後、社会において有力な位置を占め、イエズス会の目的と同様に魂の救いと社会への奉仕を通して社会に良い影響をもたらすというイグナチオの意図がありました。そのために人文学の教育、すなわちギリシャ・ローマの古典的文献を読み学ぶことを重視しました。それは、キリスト教に直接関係する文献ではありませんが、それらは豊かな道徳的価値観について書かれていました。そのため、生徒たちがそれらの読解を通して、道徳的価値観を身につけ、将来的には偏見や先入観なしに健全な社会づくりに貢献すると考えられたからでした。このような教育活動はイエズス会の当初の目的にも合致し、社会に貢献し、イエズス会士と協力し「愛（慈悲）のわざ」を担う人々となることが期待されました。

一方、②については、先述のように学費を徴収せずに、教育事業を行っていました。それはイグナチオの指示により、教育使徒職における教育は「愛（慈悲）のわざ」として無報酬でなされ、したがって生徒の受け入れは貧富の区別によってなされることなく、能力によってなされるべきとされました。そこで、イエズス会の教育事業の初期においては、初等教育を展開し、読み書きなどのリテラシー教育を行っていました。後に初等教育事業は会員不足から廃止せざるを得なくなりましたが、このように「愛（慈悲）のわざ」としての教育という理念はイエズス会教育においては基本的なものだったと言えるでしょう。

そのような理由もあり、イエズス会が運営する学校はイグナチオが亡くなる一五五六年までにヨーロッパの諸地域において三十校、また全イエズス会学校に共通する運営方法と学習方針とが書かれた『学事規定 *Ratio Studiorum*』の初版が発表された一五八六年には百六十二校、その決定版が公布された一五九九年には二百四十五校と急速に増えていきました。

イエズス会教育と学費の徴収

しかし、十八世紀から十九世紀にかけて、イエズス会は苦難に直面するようになり、イエズス会学校もまた厳しい局面に置かれていきます。イエズス会は当時の教会内あるいは国家間の政治的闘争や社会情勢のあおりを受け、ヨーロッパ各国から弾圧を受け、追放されるようになりました。特に一七七三年、クレメンス十四世の勅書『ドミヌス・アク・レデンプトール』においてイエズス会は禁止され、会はロシア地域を除いた多くの地域で解散されたのでした。それに伴い、イエズス会学校もまたその多くが閉鎖か、他の運営機関へと譲渡されてしまいました。

約四十年後の一八一四年、ピウス七世の勅書『カトリケ・フィデイ』によってイエズス会が再興されることとなりました。しかし、実際その復興は大変困難なものとなりました。第二一代総長J・ローターン神父は時代の変化に適応しながらも、イグナチオの精神に立ち戻るという意図のもと、『霊操』の正確な解釈、『学事規定』の改訂、そして宣教の重視の三点を強調し、イエズス会の抜本的な改革に取り組みました。(8) しかし、教育をめぐる状況は、イエズス会が解散させられていた約四十年の間、特に近代国家誕生のプロセスの中で大きな変化を迎えていました。近代国家は宗教を個人の自由の問題として相対化し、それと同様に教育もまた宗教的な背景を脱して、国家が国民を教育する（公教育）制度が整えられたのでした。(9) したがって、宗教的背景に基づくイエズス会学校は一般的な私立学校として運営されることとなったのです。そこでは、以前のように無償で一般学生を受け入れるという理念の実現は困難な状況となっていきました。

特にイエズス会は復興後、アメリカ合衆国で特に発展しましたが、無償の教育の困難さが現れ始めたのもまたアメリカにおいてでした。アメリカでのイエズス会教育は、イエズス会が解散されている最中の一七八九年にジョージタウン大学が元イエズス会士J・キャロル司教（のちに大司教）のイニシアチブによって設立されたことから始まりました。イエズス会の教育機関はアメリカの各地で次第に広まっていきました。しかし、復興後の一八二〇年代に入るといくつかの学校では、信徒の学生を受け入れ始めます。しかし、この時期を前後して、アメリカをはじめ多くの地域において近代国家による公教育が広まり始めていました。しかし、それは同時にイエズス会学校が私立学校として、費用をまかなうために授業料を求める必要があることを意味していました。(10) しかし、授業料の徴収は当初の

1970 年	683
1975 年	946
1980 年	1,484
1985 年	2,421
1990 年	3,966
1995 年	5,423
2000 年	6,675
2005 年	9,382
2010 年	12,639

【表 3】アメリカにおけるイエズス会高等学校の学費の平均（ドル）[14]

イエズス会教育が実現していた教育の無償制という方針と異なりました。総長ローターン神父はこのアメリカの状況を受けて、一旦はイグナチオの精神から離れることになる授業料の徴収を許さず、そのために閉鎖された学校も出ました。しかし、これに対して、一八三三年、教皇グレゴリウス十六世は、イエズス会の清貧に関する規定に、授業料の徴収に関する免責を与え、[11]それを受けてローターン総長は、学費の徴収を許可すると同時に、次のようなガイドラインを設けました[12]。

（1）学費は国内の他の評判の良い学校と同等でなければならない。
（2）貧しい学生は、支払い能力のなさから退学にされてはならない。
（3）学費を取り立てるために訴訟は決して起こされてはならない。
（4）学費による収入は、教師と、学校設備のために用いられる。

この結果、一般的な通学制の学校では、学生から五百ドルを上限として、また全寮制の学校では千二百ドルを上限として学費をとるようになりました。しかし、一九七〇年代以降、イエズス会学校の

	ブラザー	神学生（会員）	司祭（会員）	非会員
1970年	168	349	1222	1063
1975年	144	161	1078	1245
1985年	40	93	508	2235
1990年	12	67	347	2168
1995年	27	47	327	2315
2000年	47	47	450	2822
2005年	11	26	275	3959
2010年	8	44	199	4480

【表4】アメリカのイエズス会高等学校におけるイエズス会員と非会員教職員の推移 [15]

広まりとともに学費は上昇の一途を辿り、基本的に高額の学費を必要とするエリート学校という位置付けになっていきます。【表3】は一九七〇年から二〇一〇年までのアメリカにおけるイエズス会学校の学費の推移を示したものです[13]。それは、近年におけるアメリカ合衆国内の学費の高騰と連動しているとはいうものの、イエズス会学校の状況を知るためには参考になります。

この学費の上昇にはいくつかの原因があります。例えば、新しい校舎の建設や設備投資や、非イエズス会員である教員への給料の支払いなどです。それらの問題を解消するために入学者を増やす必要がありますが、そうすると同時に必要となるコストも上昇し、学費の上昇へとつながるわけです。【表4】はアメリカのイエズス会学校で働く教職員の内、ブラザー、神学生、司祭、信徒の人数の推移を示したものです。

この表からは、確かにイエズス会員の著しい減少と、非イエズス会員教職員の割合の上昇が確認できます。非イエズス会員教職員のための給与の確保の拡大が予測されると同時に、イエズス会員が学校教育の現場からいなくなるという現状も推察できるでしょう。それは、自ずと高額な学費を支払うことができる社会階層の家庭の子弟がイエズス会学校の生徒となることを意味するようになります。

確かに、教育の無償制のみがイエズス会学校のアイデンティティーではありません。しかし、イエズス会員が減少していく状況の中で、イエズス会教育のアイデンティティーとは何かという問いは必然的に生じるものです。その問いに第二八代総長ペドロ・アルペ神父は応えたと言えるでしょう。

回心としてのイエズス会教育

一九七三年は、イエズス会教育の新たな出発点となった年であると言えるでしょう。この年、スペインのバレンシアで開かれた「第一〇回ヨーロッパ・イエズス会卒業生大会」で当時のイエズス会総長ペドロ・アルペ神父[16]が語った次の言葉は、イエズス会教育に新たな地平をもたらしました。

私たちの教育の目標は、自分自身のためでなく、「他者のための人 men-for-others」すなわち、神と私たちのために死なれたキリストのために生きる人、隣人愛なしの神の愛などを考えつくことができない人の養成です。……その人々の愛は第一の要件として正義を挙げる極めて実際的な愛です。[17]

アルペ神父はここで「他者のための人」という言葉を用い、イエズス会教育のヴィジョンを示したのです。この言葉が語られた背景について、少し触れる必要があるでしょう。イエズス会とその教育事業の指針の大きな転換は、カトリック教会の現代化と世界との対話が叫ばれた第二バチカン公会議（一九六二―六五年）の会期中であった一九六五年から始まります。一九六四年十月第二七代総長ヨハネス・バプティスタ・ヤンセンス神父が亡くなり、翌一九六五年五月から第三一総会が開かれ、その中でアルペ神父が第二八代総長に選出されました。

また、この時期には第二バチカン公会議において「修道生活に関する教令」が発表され、修道会が創立者のカリスマと、会の源泉に立ち戻り、現代に適応することが求められました。その中でアルペ神父は卒業生たちに向かって、イエズス会教育の源泉であるイグナチオの霊性に立ち戻り、その新たな表現として「他者のための人」という言葉を打ち出したのです。

アルペ神父がこの言葉をイエズス会学校の多くの卒業生たちの前で語ったことは大きな意味のあることでした。彼は先の言葉を口にしたあと、次のように語りかけました。「私たちは、あなたがた［卒業生たち］を正義のために教育してきたでしょうか？……謙遜に応えるならば、あなたがたを正義のために教育してはこなかったのです」[18]。ここで彼は「正義のための教育」という言葉を用いて過去と未来のイエズス会教育のパースペクティブの決定的転換を強調しています。しかし、次のように続け、イエズス会教育の根本的な基礎付けに光を当てます。

私たちがあなたがたに与えた養成が全面的には間違っていたというのでなければ、私たちはあなたがたに、変化を受け入れていくというこの精神を伝えているはずです。それは、聖書的な言葉で言えば、「回心 conversión」の資質なのです。[19]

ここで彼が「回心 conversión」という言葉に触れていることは重要です。彼は次のように、「回心」というキーワードの元に個人と社会との関係性について言及しています。

私たちは、内的な回心だけでは不十分であると常に教えられてきました。私たちは、自身の進歩と自身の存在すべてが神へと立ち返ることに励み続けなければなりません。今や私たちは、再生と変容を必要としているのは、私たちの世界全体でもあると気づくようになりました。それはすなわち、個人的回心は、社会の変容からは切り離され得ないものだということを意味しているのです。[20]

アルペ神父はただ単なる個々人の回心についてのみに言及しているわけではありません。彼は個々人の回心と社会全体の変容とが連関したものとして、回心のイメージを膨らませています。「回心」とはラテン語では「コンウェルシオ conversio」であり「全く向きを変える」ことを意味します。それはキリスト教的文脈で言えば、「神へと向きを変える（立ち帰る）」ことに他なりません。しかし、アルペ神父のヴィジョンにおいてそれは個々人に止まるものではなく、社会も、さらに世界もまた連続的に変容するもの、回心して（向きを変えて）いくものとして捉えられているのです。

「回心」について考える際に、バーナード・ロナガンとドナルド・ジェルピの二人のイエズス会の神学者の思想について触れることは有益なことでしょう。「回心」という現象はウィリアム・ジェイムズなどによって宗教心理学や宗教社会学などの分野において研究され、宗教的体験における一つの現象として捉えられてきました。

しかし、バーナード・ロナガンは「回心」という人間の自己超越的根本体験を「宗教的回心 Religious Conversion」のみならず、「知的回心 Intellectual Conversion」と「倫理的回心 Moral Conversion」と、宗教的領域以外にも広げ、人間に根本的な三つの側面から捉え直しました[21]。ここで、「知的回心」とは、認識における自己超越すなわち、感覚的な世界から意味体系の世界の認識への超越を意味します。次いで「倫理的回心」とは、決断と選択に関する価値基準の変容です。それは自ら満足することから倫理的な事柄、すなわち自己の満足を超えて他者への方位へと変更させられることです。さらに、宗教的回心とは、究極的な関心に捉えられ、愛のうちにあることを意味し、あらゆる回心の基盤となるものです。

ジェルピは、ロナガンのこれら三つの回心に「情緒的回心 Affective Conversion」と「社会的回心 Socio-political Conversion」を加え、回心のより社会的な連関を示しています。彼は回心を「無責任な状況から、人間の体験の諸領域において責任 responsibility ある行動へと向きを変えること[22]」と言います。したがって、彼の回心の定義に従えば、回心とは、責任を引き受けることです。それは教育において捉え直すと、次の二つの観点を示すことができるでしょう。すなわち①学校が教育を通して生徒に対する責任を引き受けること、そして②生徒は教育を通して自ら引き受けるべき責任を見つけることです。アルペ神父の語る文脈の中でのイエズス会教育における「回心」とはまさにこのようなことを表しています。彼のこの言葉の後、イエズス会教育は社会と向き合い、「他者のための人」の育成へと大きく舵を切ることになりました。

社会の回心という地平――クリスト・レイという試み

アルペ神父の開いた、社会への深い関心へと向かう「他者のための人」という地平は、イエズス会の当初の理念と教育とを再び結びつける具体的な試みをもたらしています。

一九九六年、アメリカのシカゴでクリスト・レイ高校 Cristo Rey High School Chicago という学校が誕生しました。これは単なる学校ではなく、経済的困難を抱える低所得層の家庭の子弟に焦点を絞った新しい教育モデルで、イエズス会シカゴ管区を中心としたスタッフのイニシアチブのもとに考え出されました[23]。イエズス会教育における「無償の教育」というアイデアについては先に触れましたが、これはその現代版と言えるかもしれません。

クリスト・レイは単一の学校としてではなく、後で触れるワーク・スタディ・プログラムなどを核として考えられた教育モデルとしてつくられました。したがって、イエズス会だけではなく、他のカトリック系の修道会や教区の学校もこのモデルを取り入れて、「クリスト・レイ」の名を冠した学校を運営することができます。現在では同様のモデルを採用している学校が全米で三十五校あり、イエズス会から始まったこのアイデアは大きな広がりをみせています。以下においてこの教育モデルの目的と特徴とをみてみましょう。

クリスト・レイの目的

この教育モデルの目的については「ミッションの有効性を示す基準[24]」には次のように掲げられています。

- 基準2　クリスト・レイ・スクールは経済的に不利な生徒にのみ奉仕する。本学校は多様な信仰文化をもつ生徒に対して開かれている。
- 基準4　クリスト・レイ・スクールは全ての生徒が大学へと入学し、無事卒業するよう備えなければならない。

ここで「経済的に不利な生徒にのみ奉仕する」と掲げられているように、このモデルが意識を向けているのはアメリカ国内における激しい経済的格差です。特に、アメリカにおける経済格差の一つの要因として、学位の有無が将来の収入にはっきりと反映されるということがあります。そのため、クリスト・レイは、生徒が大学で学位を取得することを通して経済的に困難な状況から脱することを主な目的とし、生徒の大学入学から、さらには入学後のサポートまでをそのミッションとして掲げているのです。特にシカゴにつくられた最初のクリスト・レイ高校は、経済的困難を抱えるラテン系移民の人々が多く暮らしている地域にあり、人々の貧しさと苦しさに寄り添いながら、教育が行われているのです。

クリスト・レイとはどのような特徴をもつ教育モデルなのでしょうか。特にワーク・スタディ・プログラムと独自のクリスト・レイ・ネットワークの二つについて触れてみましょう。まず、ワーク・スタディ・プログラムとは、生徒が学校と提携している企業で労働し、その対価としての給料を得、それを学費に充てるというプログラムです。もちろん生徒は勉強しなければなりませんから、毎日働くわけにはいきません。そのため少人数のグループをつくり、週五日間、毎日交代で一人ずつ同じ職場に通い、同様の仕事を行い、すべてを総計して一人分の給料を得ます。ですが、このワーク・スタディ・プログラムによる労働の対価だけで学費の全額を賄うことはできません。足りない分は、学校がつのる募金と、通常の学校よりは随分低額に設定された学費で補っています。先の【表3】でみたように、アメリカのイエズス会学校は全米の一般的な学校と変わらず、その学費は平均で約一万ドルに達します。クリスト・レイではこのワーク・スタディ・プログラムや集められた募金の運用努力などを通して、家庭の経済状況と学費の支払い能力に応じて三千ドル以下の学費で教育事業を行っているのです。

このプログラムの利点は低額な学費以外にも指摘できます。生徒たちはこのプログラムで働き、その経験の中で職業スキルを身につけることができます。それは、貧困の中で社会から隔絶し、学業も職業経験もないという状態から脱することを意味します。したがって、クリスト・レイでは学業と職業スキルを身につけ、社会との接点の構築を図るといった総合的なケアを行っているわけです。

このように学校と提携する企業との連携のしやすさからほとんどのクリスト・レイ・モデルを採用する学校は都市部にあります。このような企業との関係性は画期的なものであると同時に、このプログラムの困難な側面を表しています。学校がこのプログラムを継続するためには生徒の受け入れ先である提携企業を毎年探し、その理解を求める努力をしなければならないのです。しかし、このようなプログラム、経済的困難を抱える人々が質の高い教育を受けることができる環境を用意することで、各学校ではそれぞれの地域社会に根ざして、個人の回心ばかりではなく社会の回心へと向けた努力がなされているのです。

クリスト・レイ・スクール間の連携

クリスト・レイ・モデルを採用する学校間ではクリスト・レイ・ネットワークが形成されています。そこではネットワークを介し、諸学校が相互の連携を強めています。特に、その拠点としてシカゴにクリスト・レイ・ネットワークセンターが置かれています。ネットワークをつくることの利点はいくつもありますが、ここでは次の四点に触れましょう。まず、ネットワークを生かした合同の教員研修を行うことです。そのような機会を通して各学校レベルだけでなく、個々の教員レベルでも、アイデンティティーを確認しあい、共有することで協力体制を維持・深化することができます。次にブランディング効果です。例えばクリスト・レイ・ネットワークに入っている一つの学校が成功すれば、同様の社会的期待は他の学校へも波及し、知名度や宣伝効果が期待できるわけです。そして、ネットワーク間での情報の共有です。例えば募金や寄付についてもそれが生かされていると言えるでしょう。アメリカのイエズス会学校では社会の多方面に募金や寄付をつのるための専門のスタッフが各校数名働いています。その学校が単一でその募金や寄付に関連する情報をもつだけでは、その学校のみで生かされることになります。しかし、それらの情報がネットワークの中で共有されれば、必要性のより高い学校に募金や寄付が生かされる可能性が出てきます。また、経験と方法論の蓄積も大きな力となっています。最初のクリスト・レイ・スクールが誕生してから約二十年が経過し、多くの学校が各地に設置されてきました。その経験は方法論となり、現在では、二カ年で新しいクリスト・レイ・モデルを採用する学校をつくるプランを立てることができるようになっています。

現在、クリスト・レイ・モデルのような経済的困難を抱える家庭の生徒を対象とした教育は、高等教育においても広がりをみせています。二〇一五年にシカゴにアルペ・カレッジが開校されました。このカレッジは、二年生の短期大学で、卒業後により高度の教育が受けられる四年制大学へと入学することを目的としたものです。ここではすべての学生は奨学金や資金援助を受けることができ、また学習習慣が身についていない学生のケアなども含め、手厚いプログラムが用意されています。

以上のようにアメリカの社会の中では、経済的困難を抱える家庭などへ向けて、それまでの教育方法とは異なる様々な試みがなされています。その中でもイエズス会から端を発するクリスト・レイは大きなインパクトを与えていると言えるでしょう。それはまさに、イエズス会教育の伝統の源泉に立ち戻りつつも、社会の中でのニーズを見出し、自らが変わりながらそれに応えていくことを通して、アルペ神父が語る「社会の変容」、ジェルピの言葉をかりれば「社会的回心」へと向けた試みとして展開されていると言えるでしょう。

おわりに

私たちはイエズス会教育の変遷を、その初期から現代にかけて駆け足で見てきました。すると、イエズス会教育が、ある種の一貫した教育学や教育方法に裏打ちされたものというよりも、イグナチオの霊性という源泉に常に立ち戻りながら、その時代の要請に応えようとする不断の識別を行い、学び手とともに変容してきた教育の担い手であるとの姿が見えてきました。その識別の結果が、初期における無償の教育や古典教育、また現代におけるクリスト・レイの試みにほかならないでしょう。その教育の本質的イメージはアルペ神父の言葉で言えば「回心」であり、それを学び手に促し、同時に教育を与える側もまた回心の中で変容することが求められるものと言えるでしょう。

カトリック教育は、教育現場での聖職者の減少という「時のしるし」を前にして、変容の岐路に立っています。現代においてカトリック教育は社会と時代の要請とは何かという問いかけに対して、先に見たイエズス会教育の変遷にみられる通り、かつてそうであったように、まさに今、自らが回心し、変容することを通してそれらに応えることが求められているのです。

注

(1) Cf., http://www.sjweb.info/documents/education/reports_ICAJE_2017-summary_20170707.pdf
ここで計上されているのは通常の中等教育機関のみで、それら以外にも「イエズス会難民サービス（JRS）」や南米で展開されているFe y Alegria等の教育機関を含めるとその数はさらに増大します。

(2)『イエズス会会憲　付　会憲補足規定』イエズス会日本管区編訳、梶山義夫監訳、南窓社、二〇一一年、24頁。
〔　〕内筆者注。

(3)『イエズス会会憲』第398条、第478条、第495条を参照。

(4) W・バンガート『イエズス会の歴史』上智大学中世思想研究所監修、原書房、二〇〇四年、29頁参照。

(5) 高祖敏明「草創期のイエズス会学校――コレギウムの誕生・発展史を中心に」『教育学論集』第14号、上智大学教育学科編、一九八〇年参照。

(6) Cf., J. W. O'Malley, S.J., *The First Jesuit*, Harvard University Press, 1993, pp.212-213.

(7) 浦義孝「イグナチオ・デ・ロヨラの教育についてのアイディア―その現代化の試み―」『イグナチオの霊性と上智大学のアイデンティティー―「霊操」と上智大学の教育ミッション―』上智大学学内共同研究No.2、二〇〇八年、9―10頁参照。

(8)『イエズス会の歴史』、524頁参照。とりわけ、イエズス会教育に関してはC. J. Lighthart S.J., *The Return of the Jesuits: The Life of Jan Philip Roothaan*, trans. J. J. Slijkerman, S.J., T. Shand Publications, London, 1978, pp.184-205参照。

(9) A・レーブレ『教育学の歴史』広岡義之／津田徹訳、青土社、181―235頁参照。

（10）同上、576―577頁。
（11）同上、577頁。
（12）Cf., W. J. McGucken, S.J., *The Jesuits and Education: The Society's Teaching Principles and Practice, Especially in Secondary Education in the United States*, The Bruce Publishing Company, 1932, p.236.
（13）C. Beaumier, S.J., "For Richer, For Poorer: Jesuit Secondary Education in America and the Challenge of Elitism", Ph.D Dissertation, Boston College, Massachusetts, 2013. Table22, p.365.
（14）Cf., *Ibid*., pp.145-146.
（15）Cf., *Ibid*., Table23., p.336.
（16）アルペ神父は一九〇七年十一月十四日、スペインのビルバオで生まれました。彼は入会以前は医学を志していましたが、一九二七年スペインのロヨラでイエズス会の修練院に入り、イエズス会士の道を歩むこととなりました。しかし、一九三二年には政府の脱カトリック的政策のためスペインからイエズス会士は追放され、ベルギー、オランダで哲学と神学の勉学を続け、アメリカにおいて神学の勉学を修了しました。医学を志していた経験から「精神医学」の領域で少し働いた後、一九三八年に日本に渡り、山口の教会で働きはじめました。しかし、その間にはスパイの嫌疑をかけられ、一ヶ月程独房に収監されました。一九四二年には広島・長束にあった修練院の修練長となり、日本において修練者・神学生の育成につとめ、一九四五年八月六日には広島で原子爆弾の悲惨を体験しました。戦後はイエズス会の日本準管区長、後に管区長に任命され、一九六五年にイエズス会総長に選出されたのでした。
（17）P. Arrupe, Hombres para los demás: LA PROMOCIÓN DE LA JUSTICIA Y LA FORMACIÓN EN LAS

ASOCIACIONES (http://www.sjweb.info/documents/education/arr_men_sp.pdf), p.3.

（18）*Ibid.*, p.6［　］内筆者付記.

（19）*Ibid.*, pp.7-8.

（20）*Ibid.*, p.18.

（21）Cf., B. Lonergan, S.J., *Method in Theology*, New York, 1972. また、徳田幸雄『宗教学的回心研究』未來社、二〇〇五年、129―135頁参照。

（22）D. L. Gelpi, S.J., *The converting Jesuit*, Studies in the Spirituality of Jesuit, Vol.18, Seminar on Jesuit Spirituality, St. Louis, 1986, p.4.

（23）クリスト・レイについては以下を参照。G. R. Kearney, *More Than a Dream: The Cristo Rey Story: How One School's Vision Is Changing the World*, Loyola Press, 2008. また M. Sweas, *Putting Education to Work: How Cristo Rey High Schools Are Transforming Urban Education*, HarperOne, 2015.

（24）Cristo Rey Mission Effectiveness Standards (https://1.cdn.edl.io/IhAcZSj6virPSdLiiMXMsVfGQ2o6ptN6gFlerzUh5YUE0CH5.pdf)

イエスの内面的成長についてのキリスト論的考察——ペルソナと意識の関係

角田　佑一

はじめに

本論の主題は、イエス・キリストが青年期において、いかにして自らの内的な自己同一性と自己肯定を見出したのかを考えることである。すなわち、まったき神であり、まったき人間であるイエス・キリストが、どのような存在構造と精神構造のもとに、自らの自己同一性と自己肯定を見出したのかを、キリスト論的観点から考察してみたい。

1　人間の内面的な成長とは？——内的な自己同一性・自己肯定の発見

エリクソンの「人間の八つの発達段階」によれば、人間が児童期から思春期・青年期へと成長するなかで向き合う重要な課題が、自己同一性（アイデンティティ）の確立の問題である。(1) 筆者（角田）の理解では、自己同一性の問題に向き合うとは、青年期にある若者たちが「自分とは一体何者か」、「自分は自分をどのように定義するのか」、「自分はどこから来てどこへ行くのか」という自分自身に対する問いと取り組むことである。そのなかで自分が自分自身であるとしっかり受け容れられる内的状態、自分が自分であるということに迷いや動揺なく落ち着いていられる心の状態、このような内面的な自己同一性、自己受容、自己肯定を発見することが、思春期・青年期に生きる若者たちの内面的な成長と発展につながっていく。ここで問うてみたいのは、イエス・キリストは児童期から青年期にかけて人間として成長するプロセスのなかで、どのように自らの内的な自己同一性、自己肯定を見出していったのかということである。その問題について考えるために、まず新約聖書における彼の幼年物語と洗礼の場面の記述を考察してみたいと思う。

2　イエスの内面的成長についての新約聖書の記述

(1)ルカ福音書におけるイエスの幼年物語の記述

イエスの幼年物語におけるイエスの内面的成長については、ルカ福音書の2章において集中的に語られている。第一の箇所はイエスが生れたばかりのとき、両親がエルサレムの神殿で幼子イエスを献げた後、ナザレに帰り、「幼子はたくましく育ち、知恵に満ち、神の恵みに包まれていた」(ルカ2・40)と述べられているところである。第二の箇所は少年イエスと両親がエルサレムの祭りに行ったとき、両親が息子を見失い、さまざまな場所を捜し回った後、ついにエルサレムの神殿の境内にイエスがいるのを見つけるところである。そして、両親と少年イエスは以下のような対話を行う。

両親はイエスを見て驚き、母が言った。「なぜこんなことをしてくれたのです。御覧なさい。お父さんもわたしも心配して捜していたのです。」すると、イエスは言われた。「どうしてわたしを捜したのですか。わたしが自分の父の家にいるのは当たり前だということを、知らなかったのですか。」しかし、両親にはイエスの言葉の意味が分からなかった。それから、イエスは一緒に下って行き、ナザレに帰り、両親に仕えてお暮らしになった。母はこれらのことをすべて心に納めていた。イエスは知恵が増し、背丈も伸び、神と人とに愛された。(ルカ2・48—52)

この対話におけるイエスの発言を見てみると、イエスが神を自らの父として理解し、暗に自分が神から生れた子であると認識していたことが分かる。この場合、たんに一人の少年が特別な霊的感覚に恵まれていて、神を父であると理解していたというのではない。少年イエスのこの言葉には、神の子であり人間であるイエス自身の存在の構造や自己認識の構造が反映されていると筆者は考える。神殿における出来事の後、ナザレで少年イエスは両親とともに暮らし、知恵が増して体も成長し、神と人間によって愛されたと述べられる。神の言《ことば》、または神の子は受肉において人間としての条件を完全に身に受けて、イエス・キリストという一個の存在となった。それゆえ、イエスは神でありながらも人間としての意識を持ち、幼子から少年、少年から青年になるまで、普通の人間の知性発達、心身の成長のプロセスをたどったのである。

(2)イエスの洗礼の場面

少年イエスはナザレで成長して青年となり、そこから成人になると、洗礼者ヨハネから洗礼を受ける。このイエスの洗礼の場面は、彼が福音宣教の生活を始めるうえでの重要な出発点である。マルコ福音書1章の記述では以下のように述べられている。

そのころ、イエスはガリラヤのナザレから来て、ヨルダン川でヨハネから洗礼を受けられた。水の中から上がるとすぐ、天が裂けて〝霊〟が鳩のように御自分に降って来るのを、御覧になった。すると、「あなたはわたしの愛する子、わたしの心に適う者」という声が、天から聞こえた。

（マルコ1・9—11）

イエスが洗礼を受けた瞬間、イエスは自らに「霊」が鳩のように降って来るのを見て、さらに「あなたはわたしの愛する子、わたしの心に適う者」という父の声を聞いた。イエスは自らの人間的意識において聖霊を直視し、父なる神の言葉をはっきりと聞き取ったのである。この洗礼の場面において、イエス自身の神経験が新たな仕方で深められたことが示されている。

以上のルカ福音書における幼年物語の箇所と、マルコ福音書の洗礼の場面を見て分かることは、イエスが少年時代から神を自らの父であると認識し、自分が父なる神に由来する子であると知っていたということである。それでは、彼は自らの人間的意識によってどのような内的構造のもとに、自分が「子」であるという自己確認をしたのか、そもそもイエス自身において彼のペルソナと意識の関係が一体どのようになっていたのかをキリスト論的な観点から考察してみたいと思う。

3　イエス・キリストにおける位格的合一の基本構造

イエス・キリストの存在構造、精神構造を考察するうえで重要であるのが、イエス・キリストにおける「位格的合一」の現実を見ていくことである。この位格的合一はカルケドン公会議（四五一年）のなかで教義宣言されたものであり、キリストにおける神の本性（フュシス）と人間の本性が、キリストの唯一の個的存在（ヒュポスタシス、プロソーポン、ペルソナ）において合一していることを意味する。カルケドン公会議のキリスト論に関する宣言は以下のとおりである。

我々は皆、聖なる教父たちに従い、心を一つにして、次のように考え、宣言する。我らの主イエス・キリストは唯一かつ同一の御子である。この同じ方が神性において完全であり、この同じ方が人間性において完全である。この同じ方が真の神であり、また理性的な魂と肉体から成る真の人間である。この同じ方が神性に即して御父と同一本質であり、かつまた人間性に即して我々と同一本質である。「罪を犯されなかったが、あらゆる点において、我々と同じである」（ヘブ4・15）。神性に即して、代々に先立って御父から生まれたが、この同じ方が、人間性に即して、終わりの日に、我々のため、我々の救いのために、神の母である処女マリアから生まれた。この方は唯一かつ同一のキリスト、主、独り子として、二つの本性において混合されることなく、変化することなく、分割されることなく、分離されることなく、知られる方である。このように合一によって二つの本性の相違が取り去られるのではなく、むしろ双方の本性の固有性は保持され、唯一のプロソーポン、唯一のヒュポスタシスに共存している。この方は二つのプロソーポンに分けられたり、分割されたりせず、唯一かつ同一の独り子なる神の御子、ロゴス、主イエス・キリストである。(2)　（DH 301―302）

この宣言のなかで、キリストにおける二つの本性（フュシス）、すなわち神の本性と人間の本性が「混合されることなく、変化することなく、分割されることなく、分離されることなく」合一していると述べられている。そして、この合一によって両本性の違いが消されてしまうのではなく、むしろそれぞれの本性の固有性は保持され、両者は唯一の「ヒュポスタシス」、すなわち個的存在において共存しているのである。

さらにカルケドン公会議の約二百三十年後、第三コンスタンティノポリス公会議（六八〇―六八一年）において、キリストにおいては神の意志と人間の意志、神の働き（エネルゲイア）と人間の働きが区別されると確認され、神の意志と働きは神の本性に属し、人間の意志と働きは人間の本性に属すると宣言された。

また同様に、聖なる教父たちの教えに即して、この同じ［ひとりの］方のうちに二つの本性《フュシス》的な意志（thelêseis êtoi thelêmata）と二つの本性的な働き《エネルゲイア》とが分割なく変化なく区分なく混合なく存在されると我々は宣言する。[3]

このキリスト論の宣言のなかでは、キリストの位格的合一において、各本性に属する神の意志と人間の意志、そして神の働きと人間の働きも「分割なく変化なく区分なく混合なく」合一しながら存在していると述べられる。以上がいわゆる古典的キリスト論における位格的合一の基本的内容である。この位格的合一の理解にもとづいて、キリストにおける神の言のヒュポスタシス（ペルソナ）と意識の関係を解明することが可能になる。次章では、二十世紀の主要な神学者のひとりであるB・ロナガン（一九〇四―八四年）のキリスト論的著作を見ながら、キリストにおけるペルソナと意識の関係について深く考えていきたいと思う。

4　B・ロナガン『キリストの存在論的・心理学的構造』における神の言のペルソナと意識の関係

(1)キリストにおける神の意識について

B・ロナガンの『キリストの存在論的・心理学的構造』（原文ラテン語、原題 *De constitutione Christi ontologica et psychologica*, 1964, 英訳題名 *The Ontological and Psychological Constitution of Christ.* 本論では英訳を主に参考にする）においては、キリストにおける神の言（子）のペルソナと、二つの本性に属する二つの意識（神の意識と人間の意識）との関係が詳しく説明されている。まず、ロナガンはカルケドン信条にもとづいて、キリストの存在構造について「唯一かつ同一である方が真に神であり、真に人間である。すなわち、唯一の神の言のペルソナが神と人間の二つの本性において存在している」[4]と説明している。神の言の唯一のペルソナが神の本性の内に存在するとともに、人間の本性の内にも存在する。しかし、ペルソナは自らの統一性を保持し、二つに分裂することはない。そして、神の本性には神の行為（operation）と神の意識（consciousness）が属し、人間の本性には人間の行為と人間の意識が属する。この内容をふまえたうえで、本項ではキリストにおける神の意識とは一体何なのか、次項ではキリストにおける人間の意識とは一体何なのかという問題について考えてみたい。

ロナガンによれば、神は「真に意識する者」（truly conscious）として存在している。ここで、神が意識する者であるとは、神が「純粋な活動」（pure act）、すなわち知解し愛する活動そのものであることを意味している[5]。さらにロナガンは、神が意識する存在であることと、神における三つのペルソナとの関係について説明している。神の三位一体においては、唯一の神の本質において父と子と聖霊の三つのペルソナが現存している。ロナガンはここで神の「本質的活動」（essential act）と各ペルソナの「概念的活動」（notional act）を分けている。まず、神の本質的活動とは唯一の神の本質における活動であり、三つのペルソナに共通する活動である。それゆえ、父、子、聖霊はともに知解し、判断し、意志し、選択する[6]。次に各ペルソナの概念的活動とは、各ペルソナに固有の活動である。すなわち、父のみが子を生み（父のみが言を発し）、子が父より生み出され（言が父のみから発せられ）、父と子がともに聖霊を発出し（息吹き）、聖霊は父と子より発出される（息吹かれる）という各ペルソナに固有な活動を意味する[7]。

まず、これら三つのペルソナは本質的行為によって意識する者である。なぜなら、神は神の知解と愛をとおして意識する者であるからである[8]。では、各ペルソナ固有の概念的な活動と神の意識はどのように関係しているのか。ロナガンは「神の意識は三つのペルソナに共通であり[9]」、「すべての三つのペルソナは意識的に知解し、知り、意志し、選ぶ[10]」ことに同意している。しかし、彼によれば、神の諸ペルソナは理解する、意志するという本質的行為によるだけではなく、言を発する、発せられる、生む、生れる、息吹く、息吹かれるという概念的行為によってもまた意識的なものである[11]。ここで筆者（角田）の説明を補足すると、神の意識は唯一の神の本質に属するものである。神の意識において神が神自身を知るときに、神の言が発せられる（子が生れる）。ここで「発する―発せられる」、「生む―生れる」という関係がともに成立して、発する者、生む者を父、発せられる者、生れる者を言、もしくは子と呼ぶのである。「生む―生れる」という父性と子性の関係は同時に成立するものであり、これにより父と子のペルソナが成り立っているのである。さらにロナガンによれば、ペルソナは概念的行為によって意識的であるので、父と子と聖霊は異なる仕方で意識的である[12]。

この点に関して、筆者の解釈を述べると、神の意識とはまず三位一体の神においては唯一の神の本質に属するものであり、神の本質の内に関係があり、その関係が三つのペルソナである。神の意識も三つのペルソナの相互関係のなかではたらき、父のペルソナにおいて現実化する神の意識と、子のペルソナにおいて現実化する神の意識と、聖霊のペルソナにおいて現実化する神の意識には違いがある。父と子の関係について考えてみると、父のペルソナは神の意識において子を生む者として能動的に自分自身を意識する。これに対して、子のペルソナは神の意識において自分自身を父より生み出された者として、受動的に自分自身を意識するのである。

おりである。

(2) キリストにおける人間の意識について
キリストにおける人間的行為と経験における自己認識

次にロナガンがキリストにおける人間の意識についてどのように考えていたのかを考察してみたい。ロナガンはキリストにおける人間の意識について二つの命題を提示している。第一の命題は以下のとおりである。

> 人間としてのキリストは、自らの人間的行為によって、その行為の完成の度合いに応じて、経験されたことの形式のもとに自分自身を認識する。[13]

この命題の意味を説明するために、まずロナガンはそれぞれの用語の解説を行う。「人間としてのキリスト」とは、「人間本性の内に存在する（subsist in）神のペルソナ」[14]を意味する。それゆえ、人間本性における神のペルソナは、両本性から切り離された神のペルソナそれ自体と、神の本性の内に存する神のペルソナとは区別される。[15]「人間としてのキリスト」は、自分自身の内に神のペルソナを含んでいるため、人間としてのキリストが自分自身を意識しているということと、神のペルソナが自分自身を意識しているということとの間に相違はない。[16]すなわち、「真に全き人間の意識によって、神のペルソナは神のペルソナを意識する」[17]のである。「もしも、神のペルソナが現実に真に人間になら なかったならば、神のペルソナが、真に全き人間の意識によって、神のペルソナを意識することは全く不可能」[18]である。ロナガンは「神のペルソナは現実的に真に人間である。それゆえ、神のペルソナが人間であるために、神のペルソナは真の全き人間の意識をとおして自分自身を意識する」[19]と述べている。神としての神のペルソナは神の本性の内に存在する神のペルソナであり、キリストにおける神の意識による以外には認識されえないものである。これに対して、キリストにおける人間の意識によって認識されるものは、人間本性の内に現存する神のペルソナである。[20]

さらにロナガンは上記の命題における用語の解説を行う。「経験されたことの形式（formality）のもとに」とは、厳密には「内的経験である予備的で構造化されていない認識（preliminary unstructured awareness）によって」[21]という意味である。この予備的な認識は、理解し、把握し、反省し、判断する活動によって、客体の側に知られるものに向かって主体の側に存在している。[22]「自分自身を認識する」とは彼（キリスト）が主体の側において自分自身を認識するようになることである。[23]そして、「人間的行為」とは、第一に感覚する、欲する、探求する、理解する、把握する、考える、反省する、証拠をつかむ、判断する、意志する、選ぶという行為を意味する。第二に探求する者が知解する行為を生み出し、知解する者が定義を生み出し、反省する者が証拠の把握を生み出し、証拠を把握した者が判断を生み出し、熟慮する者が選択を生み出すことを意味している。[24]「行為によって」とは、人間としてのキリストが、彼の人間的行為をとおして意識的な者であるという意味である。[25]「その行為の完成の度合いに応じて」（in proportion to the perfection of those operations）とは、彼（キリスト）が自らの感覚的行為によって感覚する者として、理解の行為によって理解する者として、判断する行為によって判断する者として、選択する行為をとおして選択する者として、究極的には、彼の人間性のさまざまな行為によって、人間として自分自身を意識することを意味する。[26]主体の意識のレベルは、その行為の完成の度合いにもとづく。それゆえ、ロナガンは以下のように述べている。結局のところ、意識とは「自分自身と自分の活動についての予備的で構造化されていない認識[27]」であるので、「人間としてのキリストは、経験されたことの形式において人間としてのキリストを認識する[28]」のである。

キリストにおける人間の意識と至福直観

ロナガンはキリストにおける人間の意識に関する第二の命題を以下のように述べている。

人間としてのキリストは、彼の人間的意識と至福直観によって、彼自身を神の本性的な子、真の神であるとはっきりと知解し、確かさをもって判断する[29]。

ロナガンは第二の命題の用語も丁寧に説明している。「至福直観」(beatific vision)とは「神の本性をとおして三位一体の神を知ること[30]」であり、「この知識の完成の度合いに応じて、神において他のすべてのものを第二の対象として知ること[31]」である。「彼の人間的意識と至福直観によって」とは、以下の内容を意味する。

祝福されたすべての者が三位一体の神と受肉した言を見る。しかし、人間としてのキリストは三位一体の神と受肉した言を客体の側に見るだけではなく、主体の側においても自分自身を意識する。それゆえ、知識と意識の結合によって、彼は自分自身が受肉した言であることを知解し、判断するのである。[32]

ロナガンによれば、人間としてのキリストは、三位一体の神を自らの至福直観の第一の客体として知っていただけではなく、第二の客体として受肉した神の言をも認識していた。さらに彼の至福直観の第二の客体である受肉した神の言において、人間としてのキリストは、自らの人間的意識によって自分自身に示されたすべてのものを見た、とも述べられる。[33]

さらにロナガンによれば、神の言のペルソナはキリストの神の本性と人間の本性において異なる仕方で活動する。キリストの神の本性において、神の言のペルソナは自ら主体的に積極的に語ることはなく、父によって語られるペルソナとして客体的に見られる。なぜなら、三位一体の神の本性において、「語ること」は概念的行為であり、それは父に固有の活動であるからである。これに対して、キリストの人間本性において、神の言のペルソナは主体そのものとして認識され、自ら主体的に積極的に活動する。[34]

キリストの存在論的・心理学的主体

ロナガンはキリストのペルソナを存在論的、心理学的の両面から理解している。一方で「キリストは存在論的に唯一である。なぜなら、キリストのペルソナは唯一であり同一であるからである」[35]と述べ、そのうえでキリストは「心理学的に唯一である。なぜなら、この唯一の同一のペルソナが、神の意識と人間の意識の両方をとおして自分自身を認識するからである」[36]と述べている。しかし、他方でロナガンはキリストの主体の二重性にも注目している。一方でキリストは「キリストは存在論的に二つである。なぜなら、彼は神の本性と人間の本性の両方に存しているからである[37]」と述べ、そのうえで「彼は心理学的にも二つである。なぜなら、彼は神の意識をとおして自分自身が神の本性の内に存在するものであると認識し、人間の意識をとおして自分自身が人間の本性の内に存在するものであると認識するからである[38]」とロナガンは述べる。そこから、彼は人間としてのキリストにおける存在論的、心理学的側面をともに考察する。彼によれば、神の本性の内に存在する同じ神のペルソナが、神的行為の存在論的主体であり、人間本性の内に存在する神のペルソナが、人間的行為の存在論的主体である[39]。これに対して、心理学的主体は人間的意識をとおして経験されたことの形式のもとに、客体の側ではなく、主体の側でのみ自分自身を認識する。その結果、人間的意識はそれ自身において完全な知識ではなく、その形式と本性から、知的探求によって構造化され完成されるべき、予備的で構造化されていない認識である[40]。

キリストの心理学的主体について考える場合、キリストにおいては、二つの本性と二つの意識があるために、我々は神としての「わたし」と人間としての「わたし」を区別しなければならない。神としての「わたし」は無限の完成において自分自身を認識する。これに対して、人間としての「わたし」は神の言の受肉において受けとられた人間の本性の限界において自分自身を認識する[41]。

このロナガンにおけるキリストの二重の「わたし」とは一体何を意味するのか。筆者の理解を述べてみたい。ロナガンが二つの「わたし」について語るとき、それは二つの主体性がキリストの内にあるというのではない。神の唯一のペルソナにおいて神の本性が個別的・具体的な現実となるときに、神の本性は神のペルソナとのつながりにおいて、神の意識を持つ神としての「わたし」として現実化する。これと同様に、神の唯一のペルソナにおいて人間の本性が個別的・具体的現実となるとき、人間の本性は神のペルソナとの関係のなかで、人間の意識を持つ人間としての「わたし」として現実化する。キリストの心理学的主体における神としての「わたし」と人間としての「わたし」は区別されうるが、両者は神の言のペルソナにおいて個別化、具体化された両本性として現れているものであり、両本性の根底にある神の言のペルソナの唯一性を破壊するものではない。神の言の唯一のペルソナにおいて神としての「わたし」と人間としての「わたし」が心理学的主体として区別されたかたちで現れるが、両者が神の言のペルソナにおいて合一を深めるとき、両者の区別は際立ち、両者の区別が際立つほど、両者の一致は深まるという関係にある。いずれにしても両者は存在論的には唯一の神の言のペルソナという主体において統合されているのである。

5　キリストの内面的成長に関するキリスト論的考察

⑴神殿における少年イエスの言葉の考察

以上のロナガンにおけるキリストのペルソナと意識の関係についての洞察をふまえて、少年時代から青年時代におけるイエスの内面的な成長について、とりわけ彼の自己同一性と自己肯定の確立の問題に焦点を当てて考察してみたい。まず、ルカ福音書2章における「どうしてわたしを捜したのですか。わたしが自分の父の家にいるのは当たり前だということを、知らなかったのですか」（ルカ2・

49）という少年イエスの言葉を、キリストの人間的意識についてロナガンが提示した第一の命題、「人間としてのキリストは、自らの人間的行為によって、その行為の完成の度合いに応じて、経験されたことの形式のもとに自分自身を認識する」(42)にもとづいて考察してみたいと思う。

人間としてのキリストは、人間の本性の内に存する神の子のペルソナであることから、ここで少年イエスが「わたし」というときには、人間本性の内に存在する神の子のペルソナによる自己認識を意味している。少年イエスにおける神の子のペルソナは、自らの人間的意識をとおして、自分自身を子であるとはっきりと認識していた。それゆえ、神の子としての自己同一性は少年イエスにおける人間の意識のなかで明確であったと考えられる。

ロナガンによれば、キリストの人間的意識について考える場合、いくつかの点を考慮する必要がある。人間の意識は客体の側ではなく主体の側に、知覚されたものの側ではなく知覚するものの側にある。それゆえ、神の子、または神の言のペルソナは人間的意識をとおして自分自身を意識する。なぜなら、神の子が知覚されるからではなく、神の子が知覚するからであり、神の子が自分自身を対象として知覚するのではなく、神の子がいかなる対象をも感覚し、理解し、選び、注意を向けるからである(43)。

キリストの人間的意識が私たちの人間的意識と異なるのは、「私は何であるか」という問いに対して、彼が異なる答えを得るからではなく、「私は誰であるか」という問いに対して、異なる答えを得るからである。この答えが異なるのは、「何か別のもの」（something else ＝ quia aliud）がキリストの人間的意識によって知覚されるからではなく、「誰か別の方」（someone else ＝ quia alius）が知覚することを

行っているからであるとロナガンは述べる。(44)

この問題に関して、ロナガンの記述にもとづいて、筆者の見解と解釈を述べてみたい。少年イエスが神こそ自らの父であり、自分が神から生み出された子であると考えるとき、私たち一般の人間の意識とどのように異なるのか。たしかに私たちも神が人間の創造主であるゆえに父であり、私たちは父なる神によって創造された子であると考えることができる。それは、私たちが自分自身と向き合うなかで自らの本質を見つめ、そのなかで自分は神によって創造された被造物としての人間であると対象的に認識するときに、自分が神から創造された子であるという理解が生れる。これに対して、イエスの場合は、彼が自分自身を子であると認識するとき、たんに自らの内的な本質を見つめて、自分が父なる神から生み出された子であると認識するのではない。彼が自らの人間的意識をとおして子であると認識するとき、私たちの意識が見出すものとは「何か別のもの」を彼が発見して、子としての自己認識に至るのではない。むしろ、私たちの意識が見出しえない「誰か別の方」が活動しているのをイエスは見出して、子としての自己認識に至るのである。一般の人間が自らの意識のうちに見出しえない「誰か別の方」とは、神の子のペルソナそのものである。すなわち、イエスは自らの人間的意識をとおして神の子のペルソナそのものが認識活動を行っているという事態を自覚する。すなわち、彼は人間的意識をとおして人間的意識を支える神の子のペルソナの主体性そのものの活動を自覚するのである。イエスは少年時代から神の子のペルソナの主体性を自覚し、子としての自己同一性と自己肯定を自らの人間的意識において把握していた。そして、この自己把握は彼の「人間的行為の完成の度合い」と「経験されたことの形式」にもとづいて行われる。すなわち、少年イエスは自らの人間的意識において、少年時代のイエスの人間としての知性、意志にもとづく行為をとおして経験した事柄に即して、神の子のペルソナの主体的活動を認識する。青年時代のイエスは、自らの人間の意識において少年時代と比べてはるかに発達した彼の知性、意志による行為のなかで経験した事柄に即して、神の子のペルソナの主体性を自覚するのである。

(2) イエスの洗礼の場面についての考察

次にマルコ福音書1章におけるイエスの洗礼の場面を考察し、筆者の見解を述べてみたい。イエスがヨハネから洗礼を受けて「水の中から上がるとすぐ、天が裂けて〝霊〟が鳩のように御自分に降って来るのを、御覧になった」（マルコ1・10）、そして「『あなたはわたしの愛する子、わたしの心に適う者』という声が、天から聞こえた」（同1・11）と語られている。このイエスの体験をロナガンにおけるキリストの人間的意識についての第二の命題「人間としてのキリストは、彼の人間的意識と至福直観によって、彼自身を神の本性的な子、真の神であるとはっきりと知解し、確かさをもって判断する」[45]にもとづいて考察してみたい。

イエスは洗礼を受けた瞬間に、自らの至福直観によって三位一体の神がこの世界にはたらくありさまを直視した。彼は聖霊のはたらきが自分の上に降るのを見て、父が「あなたはわたしの愛する子」と語る声を聞いた。このとき、イエスは自らの至福直観の客体として、父なる神と受肉した神の子（言）を、聖霊とともに認識したと考えることができる。そして、たんに客体として三位の神を認識しただけではなく、そこから神の子（言）のペルソナとしての主体性を改めて認識したのだと考えられる。

おわりに

本論の主題は、イエス・キリストが青年期において、いかにして自らの内的な自己同一性と自己肯定を見出したのか、を考えることである。この問いに関して、本論の内容をふまえたうえで以下のように答える。

イエス・キリストは位格的合一という存在構造を持つ。すなわち、キリストにおいては神の言、もしくは神の子のペルソナにおいて、神の本性と人間の本性が合一している。この存在構造にもとづいて、キリストの精神構造が成り立っている。すなわち、キリストにおける神の本性には、彼の神としての意志、意識、行為が属し、キリストにおける人間の本性には、彼の人間としての意志、意識、行為が属している。この両本性とその本性に属する精神活動は、神の言、もしくは神の子のペルソナにおいて個別的、具体的に現実化するものである。ロナガンによれば、神の言のペルソナは、両本性の内に存在し（subsist in）、神の本性に存在する神の言のペルソナは神の意識によってのみ認識することができる。これに対して、人間の本性に存在する神の子のペルソナは人間の意識のみによって認識できる。

この場合、神の言の唯一のペルソナにおいて、キリストにおける神の本性が個別的で具体的な現実となるときに、神の本性は神の言のペルソナとのつながりにおいて、神の意識を持つ神としての「わたし」として現実化する。これと同様に、神の言の唯一のペルソナにおいて人間の本性が個別的で具体的現実となるとき、人間の本性は神の言のペルソナとの関係のなかで、人間の意識を持つ人間としての「わたし」として現実化する。キリストの心理学的主体における神としての「わたし」と人間としての「わたし」は区別されうるが、両者は神の言のペルソナにおいて個別化、具体化された両本性として現れているので、神の子の唯一のペルソナにおいて統合されているのである。

ここで、キリストにおける神の意識と人間の意識について説明してみたい。第一に神の意識は、まず三位一体の神においては唯一の神の本質に属するものであり、三つのペルソナが共有しているものである。しかし、三つのペルソナの関係のなかで、父のペルソナにおいて現実化する神の意識と、子のペルソナにおいて現実化する神の意識と、聖霊のペルソナにおいて現実化する神の意識には違いがある。例えば、父と子の関係において、父のペルソナは神の意識において、子を能動的に生む者として自分自身を意識している。これに対して、子のペルソナは神の意識において、父から受動的に生み出された者として自分自身を意識する。子のペルソナが受肉してイエス・キリストとなってからも、彼は自らの神的意識においては、父から生み出された子、もしくは父から発せられた言として、自分自身を認識していたと考えられる。

第二にキリストにおける人間の意識の内容は、ロナガンの挙げる「人間としてのキリストは、自らの人間的行為によって、その行為の完成の度合いに応じて、経験されたことの形式のもとに自分自身を認識する」[46]と「人間としてのキリストは、彼の人間的意識と至福直観によって、彼自身を神の本性的な子、真の神であるとはっきりと知解し、確かさをもって判断する」[47]という二つの命題において明確に示されている。第一の命題を少年イエスの神殿における言葉に適用すると、彼は少年時代から、人間的意識において、自らの「人間的行為の完成の度合い」と「経験されたことの形式」にもとづき、神の子のペルソナの主体性を自覚し、子としての自己同一性と自己肯定を見出していたと考えられる。次に第二の命題をイエスの洗礼のときの体験に適用してみるならば、彼は自らの人間的意識における至福直観によって三位の神を直視し、そこから自分自身に立ち戻って、神の子のペルソナとしての主体性の自覚、自己同一性、自己肯定、自己受容をさらに深めたと考えられる。

以上のようなかたちで、イエス・キリストは青年期において自ら固有の存在構造と精神構造にもとづいて、神の子のペルソナとしての自らの内的な自己同一性と自己肯定を見出したと考えることができるのである。

参考文献

欧語文献

Lonergan, Bernard. *The Ontological and Psychological Constitution of Christ*. Translated from the fourth edition of *De constitutione Christi ontologica et psychologica* by Michael G. Shields. vol.7 of *Collected works of Bernard Lonergan*. Toronto: University of Toronto Press, 2001.

日本語文献

E・H・エリクソン『幼児期と社会1』仁科弥生訳、みすず書房、一九七七年。

E・H・エリクソン『幼児期と社会2』仁科弥生訳、みすず書房、一九八〇年。

小高毅編『原典古代キリスト教思想史2　ギリシア教父』教文館、二〇〇〇年。
小高毅編『原典古代キリスト教思想史3　ラテン教父』教文館、二〇〇一年。
トマス・アクイナス『神学大全』（第3冊）山田晶訳、創文社、一九六一年。

注

（1）「人間の八つの発達段階」については、E・H・エリクソン『幼児期と社会1』仁科弥生訳、みすず書房、一九七七年、317—353頁に明確に説明されている。

（2）Heinrich Denzinger, *Kompendium der Glaubensbekenntnisse und kirchlichen Lehrentscheidungen*, verbessert, erweitert, ins Deutsche übertragen und unter Mitarbeit von Helmut Hoping herausgegeben von Peter Hünermann, 41. Auflage (Freiburg: Herder, 2007), 451. 日本語訳は以下を参考にしている。「カルケドン信条」小高毅訳、小高毅編『原典古代キリスト教思想史2　ギリシア教父』教文館、二〇〇〇年、412—413頁。

（3）「第三コンスタンティノポリス公会議（六八〇—六八一年）の宣言文」小高毅訳、同上、506頁。

（4）Bernard Lonergan, *The Ontological and Psychological Constitution of Christ*, translated from the fourth edition of *De constitutione Christi ontologica et psychologica* by Michael G. Shields, vol.7 of *Collected works of Bernard Lonergan* (Toronto: University of Toronto Press, 2001), 109.
・「神と人間の二つの本性において存在している」のラテン語原文は "in duabis subsistere naturis, divina atque humana" であり、英訳では "subsist in two natures, divine and human" である。

(5) *Ibid*., 191.
(6) *Ibid*., 195.
(7) *Ibid*.
(8) *Ibid*.
(9) *Ibid*., 199.
(10) *Ibid*.
(11) *Ibid*., 201.
(12) *Ibid*.
(13) *Ibid*., 203.
(14) *Ibid*., 209.
(15) *Ibid*.
(16) *Ibid*., 211.
(17) *Ibid*.
(18) *Ibid*.
(19) *Ibid*.
(20) *Ibid*., 215.
(21) *Ibid*., 205.
(22) *Ibid*.

(23) *Ibid.*
(24) *Ibid.*, 207.
(25) *Ibid.*
(26) *Ibid.*
(27) *Ibid.*, 209.
(28) *Ibid.*
(29) *Ibid.*, 205.
(30) *Ibid.*, 207.
(31) *Ibid.*
(32) *Ibid.*, 207.
(33) *Ibid.*, 219.
(34) *Ibid.*, 225.
(35) *Ibid.*, 221.
(36) *Ibid.*
(37) *Ibid.*
(38) *Ibid.*, 221.
(39) *Ibid.*, 265.
(40) *Ibid.*

(41) *Ibid.*, 225.
(42) *Ibid.*, 203.
(43) *Ibid.*, 267.
(44) *Ibid.*, 269.
(45) *Ibid.*, 205.
(46) *Ibid.*, 203.
(47) *Ibid.*, 205.

「逃れる道を備え」る教育――Ⅰコリント10章13節を土台に

塩谷　直也

さて、今回は若者の教育や、若者へのキリスト教伝道ということで、私が青山学院大学で、どのような思いで、またなぜ、若者たちに語り続けているかということを具体的にお話ししたいのですが、それは一言でいうと次の聖書の言葉を伝えたいという点に尽きます。

あなたがたを襲った試練で、人間として耐えられないようなものはなかったはずです。神は真実な方です。あなたがたを耐えられないような試練に遭わせることはなさらず、試練と共に、それに耐えられるよう、逃れる道をも備えていてくださいます。

（Ⅰコリント10・13）

この言葉を若者たちに伝えたいと願い、働いています。

説教を歌え

まずはルターの言葉に聞いてみましょう。彼は語ります。

言葉を控えめにして多くを語るのが熟練の業である。多弁を弄して、何も語らないのは、愚の骨頂である。
（マルティン・ルター『卓上語録』植田兼義訳、教文館、二〇〇三年、256頁）

長々と話して結局何を言っているかさっぱり分からない人もいれば、短い言葉でバシッと言いたいことが分かるという人もいます。ルターは長い説教が嫌いだったようで、「早く要点を言え」みたいな感じだったのでしょうか。

ではみなさん、限られた言葉で多くを語るといった場合、どういうものを連想されますか？日本の文化だったら、短歌や俳句などがそうですね。短い言葉で多くを語っています。ただ私はもう一つあると思うのです。短い言葉で多くを語るもの、それは歌です。歌は歌詞だけを語るなら数秒で終わるのに、メロディーがつくことで、深く広く、そして私たちの記憶を呼び起こし、未来まで見せてくれます。メロディーの力はすごいです。時代を超え、国境を超える力までメロディーは言葉に与えます。短い言葉にメロディーをつけ、歌にすることで私たちはメッセージをより遠くに、豊かに届けているという言い方もできます。

その意味で「歌は語らなければいけない」と思うのです。語るように歌わなければいけない。逆に言うと、「説教は歌わなければいけない」のです。つまり、説教にメロディーをつけなければいけません。そうしないと遠くに届きません。

そういわれると、まるでミュージカルのように、歌いながら説教をしなければならないのか、と思われるかもしれません。しかし、私はそういうことを言いたいのではありません。「説教を歌う」とは、説教の原稿に音符をつけることではないのです。それは、語られる説教に「愛を込める」ことです。説教に愛を込めることで、説教がメロディーを奏で、世界に広がる「歌」になります。

これに関して私は苦い経験があります。私は十六年間教会で牧師をしてきましたが、ある教会で、教会員の一人と険悪な対立状態になったのです。

プロテスタント教会は毎週日曜日の朝、主日礼拝という礼拝が守られ、そこに信徒の皆さんが集まります。そこで、その一番対立していた人が一番前、私の目の前に座るのです。自分では好意を持って接しようとは思うのですが、意見が合わないとやはり難しい。特に辛かったのが、土曜日です。土曜日の夜に説教をつくるのです。説教をつくっていると、その人の顔が浮かんできます。そして段々と腹が立ってくるのです。

そのような気持ちで説教をつくるとどのような説教になるかといいますと、自然と相手を非難する言葉が並び始めます。どこかに棘《とげ》があるのです。冷たい説教でした。そしてその説教は、多くの人を傷つけました。不思議なのですが、こういう冷たい裁きの言葉というのは、「裁きたい人」に届かないのです。優しい人に届くのです。私を支えてくれた優しい人に、私の冷たい言葉がまず刺さるのです。これはルターも言っていますが、悪人を裁こうとする説教は、善人を傷つけるのです（前掲書、253頁）。良い説教がつくれませんでした。いや、説教が苦しくてたまらない日々が続いたのです。長い、長い、トンネルの時代でした。どんなに聖書の原典のヘブライ語や、ギリシア語を熱心に訳しても、ラテン語の言葉の意味を引っ張っても、有名な神学者の言葉を引いてもダメでした。私の説教にはメロディーが全くつきません。

やがて、私は自分の中で決定的に欠けたものが分かってきました。それが、愛でした。

祈りました。「神様、愛せない私を、救ってください。憐れんでください」。そう祈りました。不思議なものですが、お祈りって大事です。これが分岐点でした。やがて土曜の夜に説教をつくるとき、少しずつ「嫌いな人の顔」以外の顔が浮かび上がってきたのです。会衆一人ひとりの顔が浮かぶようになってきました。

キーボードを叩きながら「あの中学生は、こういう表現の方が伝わるのかな?」、「夫を失ったばかりの彼女は、この言葉を伝えて、果たして慰めになるのだろうか?」、「受験に失敗した彼が、この言葉で力を持ってくれるだろうか?」。一人一人が喜ぶ顔、それをイメージしながら説教をつくり始めた時、私の言葉は少しずつ短くなりました。メロディーを持つようになりました。私の思いを越えて、私の言葉は遠くに届くようになりました。ようやく説教を歌えるようになったのでしょうか。

私は知りました。愛する気持ちなくして説教をしてはならない、と。愛は言葉を選び、短く整えるということも知りました。説教とは、愛について長々と説明することではありません。それは、「皆さん、私は愛する力のない者ですが、それでも皆さんのことを大事にしたい、大切にしたいと思っています」。それを伝え、実践することです。その時、説教は歌になります。

休符も音の一つ

私は、学校の授業も同じだと思います。授業で語られる言葉、これは歌詞です。もちろん歌詞は短く厳選すべきです。しかし、歌詞だけでは届きません。そこにメロディー、愛を加えなければいけないのです。ではその愛とは何かといいますと、そのために費やされる「準備と工夫、及び交流」です。これが、メロディーをつけることになるでしょう。ただし念を入れてメロディーをつくりますが、休符も音の一つです。音がないということも大事です。

今は廃止になった大学二部、夜間の授業をやっていた時のエピソードです。私も若く、熱心にやっていました。そこで一年間の授業が終わって学生たちに「授業の感想を聞かせてください」と言ったのです。多くの学生が感想を寄せてくれたのですが、その中で一番心に残ったコメントがあります。当時、夜九時に授業が終わりました。多くの学生が仕事を持っていますから、翌日の仕事にそなえ、終了のチャイムとともにすぐに帰るのです。その学生も授業が終わって早々と教室を出たのですが、忘れ物に気付いて引き返し、教室に再び入ろうとした、すると私が寂しそうな背中を見せて一人で黒板を消していた、というのです。それを見て「ああ先生も人間なんだなあ」と思ってホッとしたというのです。私としてはあまり見られたくなかった姿が、彼女にとって一番印象に残っていたのです【挿絵①】。

教師の全力投球は、教師の弱さ、人間らしさを隠します。そしてそれは、教師と学生の間に距離を作りかねません。ところが教師の弱さは、教師と学生をつなげるきっかけになります。この弱さが、休符にあたるのです。もっと言うと、弱さを隠さない、隠せない、というのが休符です。これが若者にとって、大事です。弱さというのは、世界の共通言語であると同時に、若者たちとの共通言語なのですから。

【挿絵①】

見える世界では、お互いの強さとか、経歴とか、キャリアとか、人生経験とか、そういうところで圧倒的に大人の方が強いわけです。しかし、地下水があるのですよ。見えない「弱さ」という共通の地下水が。

「隣人を愛しなさい」。確かに正論です。しかし、愛せない自分がいます。人を見捨てた経験があります。この弱さは学生たちも共通なのです。愛したいけれど、愛することができない。愛されたくてたまらないけれど、怖い。この共通言語を、大人の側が忘れない。学生たちは愛についての説明が聞きたいのではないのです。そうではなく、愛せない私、愛したけれど裏切られた経験、愛されたけれど相手を見捨てた経験、それを共有したいのです。

弱さを、地下水を交流させたい。それらの痛みを潜り抜けて、それでも愛を正面から見すえ、愛とは何かと語るときに、奥深い意味、生きる力が出てくるのではないかと思います。

横に並んでみる

皆さん悩んだらどこに行かれますか？　教会に行かれますか？　ある人に聞いたところ、教会に行かなくて公園で一人になります、と言いました。なぜ公園に行くのでしょう。それは、広がりがあるからでしょうか。大きな空間があるからです。もしくは、川の近くの人であれば土手に行きますね。仮にあなたの友人が、土手に座り、水の流れを見ながら悩んでいるとしましょう。その時「お友達が悩んでいる」と思って、「どうしたの？」と言ってその人の正面に向き合って立つ人はいませんよね。そうではなくて、横に座るのではないでしょうか。そして同じ景色を見るのです。若者たちに福音を伝える時の立ち位置は、ここだと思います【挿絵②】。私たちが共通に抱える弱さという景色を共に眺める、その時に初めて通い合う言葉が生まれるような気がします。それは言い換えると、「自らの子ども時代を忘れずに語る」ということです。

世阿弥が「離見の見《けん》」という言葉を残しています（「花鏡」『世阿弥芸術論集』田中裕校注、新潮社、一九七六年、124頁）。舞台に立つ優れた役者というのは、聴衆の中にもう一人の自分を据えているらしいのです。もう一人の自分が観客席から、演じる自分を客観的に冷静に見ている。これを離見の見というらしいのです。

【挿絵②】

私たちが、若者たちの前に立つとき、この離見の見が必要だと思います。若者の群れの中に、常に傷つきやすかった若い頃の自分を据えるのです。神学校などで「説教するときに子どもたちにどう語ったらいいですか」と質問されるたびに、私は「中学生の時の自分の写真を持って来なさい。そしてそれを説教台において話しなさい」とアドバイスします。あなたが「偉そうなこと」を言うと、かつての自分が「うそつけ〜」と突っ込んでくるから、って言います。「離見の見」です。

牧師で、日本のキリスト教の戦争責任を問い続けた鈴木正久（一九一二―六九年）という方がいました。彼は説教壇に、戦地で亡くなった友人たちの写真を置いて説教しました。説教する度に、彼らの眼差しを意識しながら、二度と戦争を起こさない世の中をつくるために語る、との決意を込めて。これも一つの離見の見ではないでしょうか。

こういう忘れてはいけない誰かの眼差し、それをどこかに置いておくことが、私たちが若者の「隣に座る」ためのコツかもしれないです。

挨拶を忘れた人にこそ

授業では大体百名から百五十名くらいの大教室で話をしていくのですが、その中で一人ひとりと対話しながらやっていく授業というものはどういうものなのか。優れたコンテンツを用意するというのは当然の前提です。それを踏まえた上で、できるだけ一人ひとりに直接関わるようにしています。まず、講義前のおしゃべりや挨拶。少し早めに行くと、早めに来ている学生がいます。そこで少し話をしたり、そして挨拶をします。

今日お配りしました、私が授業で配る出席表がこれです（【出席表】参照）。手作りで、ここに「9」と数字が書いてあります。九回目の授業用出席表です。大体半期で十三、十四回の授業、全部絵柄を変えています。なぜでしょう。そうです、偽造を防ぐためです！　印刷された大学内共通の出席表もあるのですが、それをなぜか何枚も持っている学生がいます。ですので絶対偽造を許さないという意思表示を込めて作りました。これを毎朝一人ひとりに挨拶していきながら、各自で用意してもらったネームカードを見て、その人の名前を呼んで「おはよう」って言いながら渡していきます。これ、最初は、学生たちの心を開くためにやっていたのです。ところが、やり続けるうちに分かったのですが、これ、実は私が心を開くためにやっているのです。やはり、百数十人前にした時、ひるんでしま

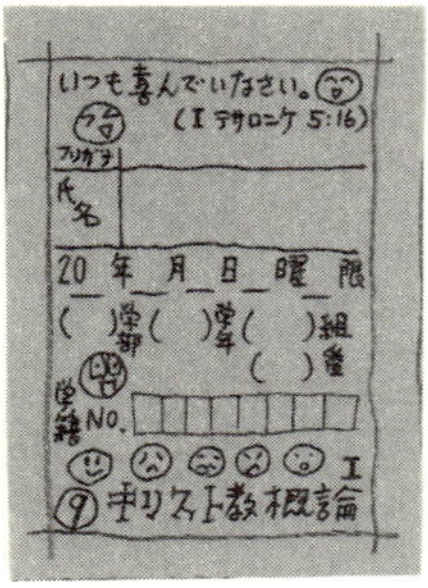

【出席表】

う気持ちが生まれます。でも、そこで私が心を閉ざしたら伝えたいことが伝わらないのです。だから、まず自分が心を開くために百人いたら、百回挨拶し、自らの姿勢を整えます。

色々います。ものすごく素敵な笑顔で「おはようございます！」という子もいれば、ビジネスパーソンも顔負けの礼儀正しさで、名刺を受け取るように出席表を受け取る学生もいます。同時に、挨拶しても全く無反応の子もいます。

これも一人忘れられない二部の学生なのですが、一年間帽子を目深に被って、私を直視しません。耳にイヤホンを差し込み、見るからに授業を受ける態度じゃないのです。「(夜なのでおはようではなく)こんばんは」と言っても、私の顔も見ずに出席表をむしり取るようにピッ、と取るのです。これがほぼ通年、二十回以上続いたのです。さすがに、腹も立ちました。

年度末を迎えました。試験が終わって解答用紙を回収しました。その中に、彼の答案もありました。そこそこできていたのですが、それよりも解答の最後に小さい字でこう書き添えてあったのです。「先生、毎回笑顔で挨拶してくれてありがとう」と。私のことを見ていないようで、何と彼は私がほほ笑んでいることに常に気づいていたのです。

私はこの時から、どんなに態度が悪くても心をこめて挨拶しよう、と決めました。彼は一度も挨拶を返しませんでした。しかし、それは事情があるのですよ、何か。ある人がこう言っています。「微笑みを忘れた人ほど微笑みを必要としています」と。微笑みの量が足りない人、微笑むことができない、そういう人こそ微笑みが必要なのです。同様に「おはよう」といっても「おはよう」と言わない子こそ、「おはよう」という言葉を必要としているのです。

大学に来て一日に一回も挨拶もせずに名前も呼ばれずに帰っていく子たちがたくさんいます。その子たちに、一回でもいい、心をこめて「おはよう」と言える。それが私にとって今授業で一番大事です。「私はあなたを見ているよ」、「私はあなたに敵意はありませんよ」、「私は今日あなたと少しでもお話しできると嬉しい」、「私は生身の人間ですよ。動画の向こう側の人間ではありませんよ。だからあなたがおしゃべりしたり、寝たりすると傷つきます。人間ですからね」——これはやはり声をかけ続けないと、伝わりません。大教室だと本当に動画の向こう側の人間に思えるではないですか。そうではないということを一人ひとりに伝えていきます。

つい先日の新聞に載っていましたが、早稲田の学生さんが書いた短歌だそうです。「会話する　手段はすべてメール　声失った言葉のかなしさ」、「ケータイが　二日鳴らずにあせる自分　ネットの海にひとり漂流」。この気持ち、とてもよく分かります。知り合いやネット関係の繋がりはものすごくあるけれども、誰とも一度も声を、言葉を交わさず終わる学生たち。足場のない広大な海に、一人でもがいていているような感じ、そのような印象を受けます。

授業のあと質疑応答の時間というのはなかなか取れないので、先ほどの出席表の裏にその授業に関する質問を書いてください、と伝えます。すると、いろんな質問が寄せられます。正直、授業に関する質問は少ないです。そうではなくて、「近くの中華屋さんでおいしいところありますか」とか、「先生が大学時代一番やらかしたことは何ですか」とか、からかっているような質問が目立ちます。でも私は次の授業で丁寧に答えます。その答えを通して、学生は私という人間を「このおじさん何者？」

と値踏みしている感じです。

やがて授業の内容とリンクしながら「よく死にたくなりますがどうしたらいいのでしょう」や、「親が離婚しました」とか、深刻な悩みも出てきます。それらを「おいしい中華料理屋はどこですか」と並列に淡々と答えていきます。重いのも軽いのも全部一緒くたに答えていきます。なぜなら、それが人生だからです。今までゲラゲラ笑っていたのに、突然死にたくなる。それが青春であり、私たちだから。だから分けません。そのように軽い問題の中に死のテーマなどを淡々と入れていくと、やがて学生たちは「あ、このテーマは扱っていいんだ」ということが分かってきます。身近な人で自殺したとか、親の暴力とか、色々な質問が来て、それを普通に語っていきます。特別扱いするのではなく、人生の現実を前にして、こういう問題を日常で扱うことは恥ずかしいことでも何でもない、と態度で示します。そして生きるテーマに関わることなら、どんな話をしても大丈夫なのだという空気を教室に作っていくのです。

品物ではなく手間を

そして、手作りの紙芝居をよく使います。私は工作や漫画を描くのが好きなのです。それで、気分転換に作っています。あるテーマを紙芝居で解説するわけですが、別にこれ、喋りで終わらせてもよいわけです。それでもあえてなぜこういうことをするかというと、ある「思い出」があるからです。高校時代に物理の大橋先生という方がいらっしゃいました。この先生は決して話が上手い人ではないのですが、物理の実験の時に自分で作った不思議な教材を持ってくるので私はこの先生が大好きでした。ただこう言っては何ですが、その教材、出来具合が今一つ微妙な教材なのです。

一回、波の授業がありました。彼は、割りばしみたいなものを糸で横に何十個と繋げて、「はい、今から波の授業をします。波とはこういう形で伝わります」と言ってポンと端を叩いたのです。そしたら、たぶん彼の頭では右から左に「波状のうねり」が割りばしに伝わるはずでした。ところがポンと叩いたら、バラバラバラバラバラと全部崩壊したのです。教材のみならず「波の授業」がここで崩壊したのです。

しかし、私はこの情景が忘れられません。先生、これで徹夜したのではないだろうか。でもどうにかして伝えようと思って頑張って作ってくれたんだな、と思うと、嬉しくなりました。同時に私は、物理が好きになったのです。

手間というのは「あなたに会う前からあなたのことを考えていました」ということです。子どもたちは高価な品物を必要としているのではないでしょう（高価なものは溢れています）。そうではなく手間なのです。品物を渡すのではなくて手間を渡すのです。その手間とは「あなたに会うのを楽しみにしていました」というメッセージなのです。

偏愛の経験値

やがて全ての授業が終わると、私は全部一人ひとりの提出済みの出席表をとってありまして、それらを各自の名前が書かれた一枚の紙に貼り付けます。その学生のコメントが貼り付けられた束を作ります。そして名前を読んで、一人ずつ最後の授業の時に返却します。手間はかかります。しかし、それによってかけがえのない存在であるということを語るのではなくて、かけがえのない存在だとちょっぴり実感してもらえる――このような小さな経験を積み重ねなければ、言葉というのは通じないのではないかと思います。平等な愛ではなくて「偏愛の経験値」が大学で必要なのです。

児童養護施設「光の子どもの家」を設立した菅原哲男さんという方がいらっしゃいます。彼がこういうコメントを残しています。「養護施設が見習うべきなのは、決して学校の教師たちのような等しさではなく、家族、とりわけ親子関係にある偏愛なのである」。偏った愛です。

「光の子どもの家」では、担当者に、担当している子どもたちをできるだけ依怙贔屓して育てようということを確認しています。担当者は新しく担当に加えられた子どもだけに心を込めてお土産を用意することなどが大切なのです。そうされることによって、私たちが自分の親に持ったような、みんなと同じではない、私だけが愛されているという経験をします。「みんなと一緒」――施設の子どもたちはみんなこれを極端に嫌います。愛されることはみんなと同じに扱われることではないのです（菅原哲男『誰がこの子を受けとめるのか』言叢社、二〇〇三年）。

依怙贔屓、他の子と私は違う。私だけ特別なのだ。この偏愛の経験値がどこかにないと人間は成長しないのです。

皆さんにも、心に残る先生がいらっしゃると思うのですが、その先生をどうして、あなたは今も懐かしく思うのでしょうか。その先生がクラスの人間を均等に愛する先生だったからですか。私は違うと思うのです。むしろ、なぜか何気なくあなたに目を留めて声をかける先生だったのではないでしょうか。なんで私に声をかけるのか分からない。でも何人かの先生方の私だけに向けられた偏った愛、特別扱いによって、どうにかグレずに踏ん張って、私たちの今があるという気もします。

私は依怙贔屓には二種類あると思うのです。一つは、共同体を崩壊させる依怙贔屓です。もう一つは死んだものを生き返らせる依怙贔屓です。九十九匹を残して一匹を探しに行く、失われたものが見出される（ルカ15・4）、そういう後者の依怙贔屓は大切ではないでしょうか。

大学というたくさんの人々がひしめく場所でこそ学生たちは、若者たちは、偏愛を求めている気がしてなりません。

死んでも生きる

私は、とりわけ次のことを学生たちに伝えたいと思っています。

まず一つ目は「逃げ道アリ」です。つまり、オルタナティブ、もう一つの道が常に存在するという世界観を伝えたいです。皆さん、日本の教育とはどういうものだと思いますか。私は、日本の教育って「死んでも逃げるな」という教育だと思うのです。子どもたちをコーナーに追い詰めて、「死んでも逃げるな」と言って、そこで限界を超えて成長させるのです。これに対し、聖書のさし示す教育観って何かと言いますと「死んでも逃げろ」です。「死んでも生きろ」です。人生には、○○がなければムリとか、○○しかありえないとか、○○を乗り越えなければダメなんてことはありません。

学生たちはバイトを続けなければいけないと思っています。辞めちゃいけないんですか？ どうして？ バイトですよ？ バイトを辞めようとすると、バイトの店長が「学生気分が抜けてない」と言うらしい。当たり前ですよ、学生なのだから。バイトと部活を同じように考えているのです。「恋愛も続けられなければ人間としてダメでしょうか」と質問されて驚きます。「夫婦ですかあなたは」という感じです。「継続する」ことに価値がある、と無条件に考えているのです。継続というのは結果であって目標ではありません。ダメなら次に行けばいいのです。コリントの信徒への手紙一10章13節は「逃げ道を備える神」と語っています。人生には逃げ道や脇道、色々あるのです。

聖書の中にモーセという人物が出てきます。彼は人を殺してエジプトに逃げました。そこで神と出会ったのです。聖書の中にヨナという人物がいます。ヨナは神から逃げました。すると、そこに神がいました。イエスの弟子たちはイエスが十字架にかかった後怖くなって田舎に逃げました。ガリラヤです。そしたらそこにイエスが待っていました。

聖書がなぜ逃げて良し、と言うのか。それは逃げても、そこに神がいるからです。神は特定領域の中でしか活動できない閉じ込められた神ではなくて、ボーダーレスに存在します。世界中にただ一人の神がいるわけです。どこに行こうが、そこに神がいます（詩編139・1―18）。
私は、「逃げるな」教育というのは非常に危険だと思います。ですから学生たちにいつも「依存先を分散するように」と言っています。最近多くの大学で、教員と学生の間で色々なハラスメントの問題が生じています。学生にとって一番身近な大人というのは教員と親です。この関係は利害関係なのです。教員に何か言ったら悪い成績をつけられるかもしれない。親に何か言ったら親が学費を払ってくれないかもしれないというように、こういう垂直の圧倒的な利害関係の中にいる学生は追いつめられるわけです。だから垂直ではなく、利害の絡まない「斜め」の人間関係、逃げ場が必要なのです。近所のおじさんとか、バイト先に来ているよく分からない謎の人とか、何でもいいのです。この点からすると、教会などはすごく大事なポジションです。教会のおじさんおばさん、シスターたちとか、利害関係ないですものね、基本的に。このような人々がいれば、子どもたちは一時的にでもプレッシャーから逃れられます。限られた大人たちとの利害の絡む垂直の関係だけだと、追いつめられ、危険です。そこはハラスメントの温床となります。

受験勉強を通ってきた学生たちは「どれが正解なのか？」という発想をします。「A・B・C・D、どの道に行くのが一番正しいだろう？」という風に。しかし、それは誰にも分からないではないですか。例えば時給八百円で辛い仕事と時給二千円で楽な仕事と言ったら、普通時給二千円に行くのが当たり前です。しかし、時給八百円のバイト先で、生涯心をゆるせるような友達と出会ったとしたらどうでしょうか。そうすれば時給八百円の方が正解なわけです。分からないです、どれが正解か。むしろ重要なことは選んだ道を正解にする力です。

イエスのアクティブ・ラーニング——洗足

イエスから弟子たちは今でいうところのアクティブ・ラーニングをたくさん受けます。その中の一つが弟子の足をイエスが洗う、という出来事です（ヨハネ13章）。泥だらけ埃だらけの弟子たちの足をイエスが一人ひとり洗っていきます。弟子たちの足はみるみる奇麗になっていきます。しかし、それと同時にイエスのたらいの水は黒くなり、イエスのタオルはどんどん汚れていきます。弟子たちは奇麗になっていくけれど、イエスは汚れていく。弟子たちは気持ちよくなっていきますけれど、イエスは不快な思いになります。

この体験をした弟子たちは、やがて十字架で死んだイエスを見て思いました。十字架とは、傷だらけで、血だらけで、裸で、おしっこやうんこも垂れ流しで、見たくもない汚れた姿です。その姿を見た時、分かったのです、弟子たちは。「彼が担ったのはわたしたちの病、彼が負ったのはわたしたちの痛み」（イザヤ53・4）と。私たちの汚れを、十字架が拭い去ったのだと。

十字架は汚い破れだらけの、臭くて汚いものです。しかしそれは私たちの最も汚いものをふき取ったからこそついた汚れなのです。このように、誰かから大切に扱われた経験って大切ですね。弟子たちは一番汚い足を洗ってもらいました。イエスの温かい手の感触は、生涯弟子たちの足に残っていたと思います。私は思うのですが、どんなに辛いことがあっても、自分が大切にされた、汚れを、惨めさを取り去ってくれたという体験というか、原風景があれば、人は生きていけるのではないでしょうか。今日、少なくない若者たちが自分で自分に絶望しています。しかし、その子がどれだけ自分に絶望しても、あなたに絶望しない大人がこの世界にいる。自分がどんなに汚れているかということを延々と語る若者がいます。しかし、あなたがどんなに汚れて自己否定しても、それでもその汚れを取り除こうと洗ってくれる人が、この世界にいるかもしれない。

愛されるのは怖いけれど

愛されるって怖いことです。愛されるって自分の中の汚いところまで見せなきゃいけないのですから。相手はそこまで侵入し、直視してきます。一枚一枚隠していた着物をはがされるような気持ちです。だから汚い私を見られないようにみんな厚着します。ばっちりメイクして、オシャレする若者たち。それはひょっとしたら、単なる身だしなみを越えて、自分の内面を見せないための必死な戦いなのかもしれません。本当に自分の汚れを見たら、みんな逃げていきますから、みんなあれこれ工夫して隠します。

しかし、その汚れをきれいに拭ってくれる方が、この世界にいると聖書は語ります。そこに立たないと本当に人を愛し、愛されることはできないのではないでしょうか。

最後に私の思い出を聞いてください。

私が神学生だった頃の話です。プロテスタント教会は平日の夜に、お祈りの会をやるのですが、その会に牧師と牧師の妻と二人くらいの信徒さん、そして私も参加していたのです。みんなでお話しし、牧師さんのお話を聞いて最後に祈るのですけど、その牧師さんの話が面白くないわけではないのですけれども、少し難しく、始まって十分くらいでみんな寝るのです。私は必死で起きていたのですが……。一応一時間くらいの話が終わって、「それでは祈りましょう」と言います。不思議ですが、クリスチャンって「祈りましょう」と言ったならばパッと起きるのです。その中に大塚さんという七十代の女性がいました。教会の前の、今はもうなくなった公団住宅に一人で住んでいました。私があまりに貧相に見えたのでしょう、彼女は私に問いかけます。「塩谷君、あんた食べてる?」、「お腹空いてるでしょう?」、「ウチに来なさい。食べさせてあげるから」。私は本当に腹を空かせていたので「ほんとうですか?」と言って、のこのこある日ついて行きました。

そのお家に入ったら荷物だらけでした。玄関から入った廊下からすでに、周囲に色々な荷物が積み上がっているのです。本当に廊下の入り口付近の三分の二くらいが荷物でふさがり、残り三分の一の隙間を前に進んで、キッチンに向かいます。斜め上に倒れ掛かった博多人形みたいなものがあって私を涼しい目で睨んでいます。「怖いな」と思いつつ、ようやくテーブルにたどり着いたのですが、普通、人を招待したらテーブルを奇麗にしているじゃないですか。違うのです。テーブルの三分の二くらいにも荷物があるのです。それで私は残り三分の一の残りスペースの前にどうにか座りました。するど料理が食べきれないぐらい、どんどん出てきます。おいしくいただきました。最終的に「もう大塚さんいいですよ。お腹いっぱいだから」と言いました。すると「何言ってるのよ、これからがメインよ！　ステーキ！」と言います。彼女は微笑みながら冷凍庫開けたら――すみません。もう平成の方は分からないと思うのですが、昔の冷凍庫は内部に霜が張りついていました――霜だらけで、やはりこれもまた三分の一くらいしかスペースがないのです。その中から賞味期限不明の冷凍牛が出てきました。もう時代は平成に移っていたのですが、ひょっとしたら昭和のものだったかもしれません。「もう大塚さん、いいですよ。僕十分食べたから」。「何言ってんの！　若いのに」と言って、私の言葉を無視してコンロの前で料理を始めた大塚さん。その後姿を見ていたのですが、その時です、数秒間、ボーって炎が上がったんです。燃えたのです。フライパンの油に火が移って。後ろから見ると、牛肉ではなく大塚さんが燃えているようでした。「大塚さん、大丈夫ですか！」と言ったら「大丈夫よー！」って笑っています。

何だか胸が熱くなってきました。「この人は何で俺がいることをこんなに喜んでいるのだろう？」と思いました。どこの馬の骨かもしれない、繋がりがあるわけでもない、優秀だったわけでもない私のために、なぜこんなに大塚さんは張り切っているのだろうと思ったら、その時、突然「自分の人生は自分のためだけにあるのではない」との思いに打たれました。この自分の人生を誰かに献げなければいけないのではないか、と思ったのです。これはひとつの、僕の原風景、「洗足」です。これを思い出すと、もう一回力が湧いてきます。自分が大切にされたという体験なくして、どうして他人を大切にすることができましょう。誰かに献げてもらうことなしに、どうして自分の人生を世界に献げることができましょうか。

大塚さんはもう亡くなられました。しかし、彼女は今も私の胸に生きています。なぜあれほどに私をかわいがってくれたのでしょう。今となっては知る由もありません。ただそのような偏愛が私たちの人生に根雪のように少しずつ積もりながら、若者たちは自分自身で生きる力というのを備えていくのだ、と信じています。

正義と愛を〝学びほぐす〟——担当科目「キリスト教倫理」の工夫と目論見

川本　隆史

はじめに

「カトリック改革」の一翼を担ったイエズス会（一五三四年創設）は、「若者を教え導く営みは、世界を刷新・変革することに等しい」（"*Puerilis institutio est renovatio mundi.*"）[1]とするラディカルな展望に基づいて、若者の教育に早くから精力的に取り組んでいました。この修道会が設立した学校で六年間の中等教育を受けた私が、《「若者」と歩む》今の持ち場にあって、《次世代に福音を伝えるために》どのような教育実践を行っているかをレポートさせていただきます。

前置きとして、私自身が「若者」の仲間入りする前後からの歩みを自己紹介しておくといたしましょう。「第一次ベビーブーム」（一九四七―四九年生まれ）がひと段落していた一九五一年十二月、広島市西区に生まれた私は、東京オリンピックが開催される六四年の四月に広島学院中学校（一九五六年四月に開学した中高一貫の男子校）へ入学しています。

このイエズス会学校に「中間期」（哲学の勉学から神学期に進む前に、学校や教会で実務経験を積む養成期間）の神学生として派遣されたばかりの林尚志《ひさし》先生（一九三四年生まれ。現在は下関労働教育センター所属の司祭。

主著『石が叫ぶ福音――喪失と汚染の大地から』岩波書店、二〇一一年）の熱血指導のもと、中学二年生のクリスマスイブ（一九六五年）に洗礼を受けました。[2] 折りしも第二バチカン公会議が閉幕した直後にして、カトリック教会の自己変革のうねりが地方都市の信徒たちにも徐々に波及してきた時分にあたります。そんな活気の中、広島教区や中国地区のカトリック高校生の運動に関与し、大学に進んでからはカトリック研究会（「カト研」）に入りますが、残念なことに「日本カトリック学生連盟」（一九四八年十月結成）は六九年夏に自主解散していました。それでも首都圏の大学カト研相互の協力・連携関係は残存しておりましたし、真生会館にいらしたジョルジュ・ネラン師（一九二〇―二〇一一年／遺稿集『何をおいても聖書を読みなさい』南窓社、二〇一六年があります）がカト研のアドヴァイザーとなってくださった得がたい期間もあったのです。

カト研の仲間たちとの学びを大学生活前半の主軸とした私は、このサークルで最初に輪読したキルケゴールの『死にいたる病』に背中を押されるようにして、法学部から文学部倫理学科へと転じ、カントの『宗教論』を必死に解読しようとした卒業論文を書き上げました。そして二冊の書物――大学院博士課程一年目に出会った、アメリカの倫理学者ジョン・ロールズの『正義論』（原著一九七一年刊）と女子大学教員の六年目にひもといたアメリカの心理学者キャロル・ギリガンの『もうひとつの声』（原著一九八二年刊）――がもたらした衝撃を《原点》に据えて、社会倫理学の探究を続けています。目指すところは、《正義》（すべての関係者を対等に扱い、各自の権利主張を公平な立場から裁定すること）と《ケア》（当事者一人ひとりのニーズの訴えに応答し、目の前の苦しみを緩和していくこと）とを兼ね備えた、誰もが暮らしよい社会にほかなりません。

大学院を修了した一九八〇年四月より、私立大学（跡見学園女子大学／十七年間）、国立大学（東北大学／七年間）、国立大学法人（東京大学／十一年間）のお勤めを経て、二〇一五年四月、国際基督教大学（ＩＣＵ）に着任し、現在にいたっています。

1　専門科目「キリスト教倫理」――開講準備から現在まで

本題に入りましょう。ＩＣＵで新規に受け持つことになった六つの教科のなかに、「キリスト教倫理」（「哲学・宗教学メジャー」設置科目／七十分授業を週三コマ、十週間で三単位）が含まれておりました。そこで異動の前年、次のようなシラバスを書き送りました。すなわち、その「概要」（ねらい）を「必修科目『キリスト教概論』の修得を前提にして、キリスト教の／と倫理を概説する。生活者の直観とキリスト教の教説との『反照的均衡』[3]（ジョン・ロールズ）を通じて、どのような倫理の原理が編みだされるか――その思考実験を試みたい」と予告したうえで、「キリスト教倫理学の基本理念を『自家薬篭中のものとする』（appropriate）こと」と「聖書の教えを現代の切実な問題へと『応用する』（apply）技法を身につけること」からなる二つの「学修目標」を掲げておいたのです。

大学の専任教員となって三十六年目にして初めて講ずる「キリスト教倫理」でしたから、ワクワク・ドキドキしながら初年度・第三学期（十二―二月）の開講を迎えました。履修登録者は二十二名、初回は出席者全員に履修の動機や問題意識をフランクにしゃべってもらい、学年の幅（留年者を含む四年生から二年生まで）と興味の散らばり具合とを確認しました。ちなみに国際基督教大学の場合、ＩＣ

U高校を始めとするキリスト教主義学校の指定校推薦枠が設けられておりますため、少なくとも一学年のほぼ二割（五人に一人）が中等教育でキリスト教に触れている計算になります。

多様な背景と関心を背負った（海外で暮らした者もけっこう多いのですから）学生たちにできるだけ積極的に参加してもらおうと、教科書を指定しての講義や基本文献の講読といった通例を踏襲せず、手もとに揃えておいた『キリスト教倫理辞典』（佐藤敏夫・大木英夫編、日本基督教団出版局、一九六七年）の項目を広く（かつ深く）サーヴェイするやり方を採用しました。まず同書の「目次」（全部で百五個の項目がアイウエオ順で並べてあります）および項目「**キリスト教倫理学**」（執筆者　竹中正夫）と「**キリスト教倫理思想史**」（同）のコピーを配布して導入部の資料に用いました。同志社大学で長く教鞭をとられた竹中氏（一九二五—二〇〇六年）は、「元来、倫理学は善についての語りあいとして、自己内省的な性格をもっていた。それは、簡単に辞書を引いて即答を見いだすのでなく、むしろ、地図をひらいて隣人たちの問いにおける自己と善との関係を、内的に吟味検討する態度によっていた」と的確に特徴づけたうえで、キリスト教倫理学の類型を、①目的論（神が提示した理想・目標を追求しようとするもの）、②戒命論（神が人間に与えた戒めを遵守しようとするもの）、③応答論（個々の具体的な状況に即して、神の意志に対するふさわしい応答を探り当てようとするもの）に大別しておられます。別項の思想史の略述と合わせて、「キリスト教倫理」に対する簡にして要を得た見通しを与えてくれました。

年が明けてから各論に入り、まずは《キリスト教倫理》の両輪ともいうべき「**正義**」（執筆者　大木英夫）と「**愛**（アガペー）」（同）を読み合わせています。「正義の概念の二重の意味」から説き起こした大木氏（一九二八年生まれ）は、広義の正義（すべての徳を総括するもの）と「各人にその人のものを」という狭義の正義との関係へと考察を深め、「人格としての人間に、その人のものを与えることが正義の真髄である。その事情を主体の側から言うと『人権』ということであり、客観的に言うと『正義』ということである」と解説されるのです。「愛」についても、キリスト教が含みもつ二側面（「神への愛」と「隣人への愛」）を取り出したのち、「隣人愛」が「自分の命を捨てる」という犠牲的契機と「自分を愛するように」という権利擁護的契機とを兼ね備えたものである点を強調なさっていました。

ついで各受講者の申し出にそって選び出した十四個の項目のポイントを、担当者ごとにプレゼンテーションしてもらい、疑問点や問題点を論じ合うゼミ形式に切り替えました。「罪」（野呂芳男）、「死」（熊野義孝）、「病気と健康」（赤星進）、「幸福」（高木幹太）、「自由」（桑田秀延）、「権力」（飯坂良明）、「憲法」（鵜飼信成）、「教会と国家」（佐藤敏夫）、「デモクラシーとキリスト教」（大木英夫）、「資本主義」（嶋田啓一郎）、「社会主義」（嶋田啓一郎）、「社会実践」（S・H・フランクリン）、「天皇制」（工藤英一）、「日本のキリスト教と社会倫理」（大木英夫）――緩やかにグループ分けしてあるこのリストが、学生たちの興味関心のありかとその深みを浮き彫りにしてくれるでしょう。

教員の任務である成績評価については、出席状況（毎回配布・回収するコメントシートの提出回数）、報告レジュメおよび期末レポートを総合的に勘案して採点いたしました。

二年目となる二〇一六年度の第三学期の履修登録は、前年並みの二十名を数えました。シラバスの「概要」には、次のような二つの文章を加筆してあります――「考察の素材として、佐藤敏夫・大木英夫編『キリスト教倫理辞典』（日本基督教団出版局、一九六七年）を用いる。項目の選定も説明も一九六〇年代後半という『激動の時代』を反映しているが、そうした歴史的・社会的文脈を視野に収めながら協働して読み解いていこうと思う」と。本番はほぼ初年度のやり方を引き継ぐかたちで、「**キリスト教倫理学**」と「**キリスト教倫理思想史**」の概説から入り、以下の**十七項目**を読み合わせました（新規の項目のみ、カッコ内に執筆者を表示してあります）――「**正義**」、「**愛**」、「**希望**」（佐藤敏夫）、「**生命の尊厳**」（S・H・フランクリン）、「**死**」、「**病気と健康**」、「**幸福**」、「**自由**」、「**抵抗権**」（宮田光雄）、「**教会と国家**」、「**天皇制**」、「**隣人**」（山本和）、「**男と女**」（鈴木正久）、「**結婚**」（鈴木正久）、「**日本のキリスト教と女性**」（山崎孝子）、「**実存主義**」（中川秀恭）、「**学問**」（小田島嘉久）。

なおこの年度より、ビデオ教材を適宜活用するようにいたしました。まず視聴したのは、『釜ヶ崎と福音』（岩波書店、二〇〇六年）の著者・本田哲郎神父（一九四二年生まれ）が出演されたＮＨＫ教育テレビの番組「こころの時代～宗教・人生～」（二〇一五年七月五日放送、「シリーズ戦後70年　釜ヶ崎で福音を生きる～神は小さくされた者の側に～」、六十分）です（二〇一六年十二月十五日――ＤＶＤは本田師よりご恵贈いただきました）。そして最終日（二〇一七年二月二十三日）は、同時限に開かれていた一般教育科目「キリスト教概論」（担当　高橋一先生）との合同授業のかたちをとって、ピエル・パゾリーニ監督作品のイタリア映画『奇跡の丘』（一九六四年制作、本編一三二分）を大教室において上映・鑑賞しています。両方の映像とも、私に深い感動を与えてくれるものでした。

三年目の二〇一七年度の冬学期は、開講時限と曜日が変わってとりやすくなったためか、登録者が三倍増の六十四名に上りました。さらに新任の松田浩道先生（法学メジャー所属）がオブザーバーとして臨席くださっています。導入部は概ね過去二年間に準じて進めましたが、『カトリック新聞』でオンライン版の発行が報じられた『新カトリック大事典』（印刷版全五冊、研究社、一九九六―二〇〇九年）

をＩＣＵ図書館の契約データベースに追加してもらえたので、同事典と従来の『キリスト教倫理辞典』の同一（もしくは関連）項目とを突き合わせるという趣向を凝らすことができました。

対象項目と執筆者名を列挙しておきましょう（以下、『キリスト教倫理辞典』を『辞典』、『新カトリック大事典』を『事典』と略記します）——「**正義**」（『事典』執筆者　稲垣良典）、「**愛**」（同　高柳俊一＋Ｍ・アモロス＋Ｗ・キッペス）、「**信仰**」（同　稲垣良典＋高柳俊一）、「**希望**」（同　高柳俊一）、「**人格**」（『辞典』飯峯明／『事典』浜口吉隆＋山崎久美子）、「**自由**」（『事典』山脇直司＋Ｊ・ヨンパルト＋高柳俊一）、「**人権**」（『辞典』桑田秀延）、「**基本的人権**」（『事典』水波朗）、「**罪**」（『事典』佐久間勤＋高柳俊一＋満留功次）、「**悪**」（『辞典』山本和／『事典』高柳俊一＋Ｆ・ペレス）、「**平和**」（『事典』大住雄一＋Ｋ・シルヒトマン）、「**平和問題**」（『辞典』井上良雄）。プロテスタントの研究者を主力とする『辞典』とカトリックに依拠する『事典』の刊行年には、三十年以上の開きがありますし、編集の意図も大いに異なります。両者の相違と共通点を読み分けるのは、けっこうエキサイティングな作業でありました。

またこの二〇一七年が宗教改革五百年にあたることに鑑み、十二月十一日にドキュメンタリー映画「リック・スティーヴスと歩む　ルターと宗教改革」（二〇一六年制作／本編五五分／日本語字幕版がYouTube上に公開中）を観ております。「よく歌うことは倍祈ることだ」という諺《ことわざ》を拠りどころに、ルターが賛美歌を説教に対する会衆の応答と位置づけ、礼拝に会衆賛美を導入したいきさつが、特に印象に残りました。

以上が、《「若者」と歩む》私の三年間の授業記録です。

2 「学びほぐす」(unlearn) という企て

この科目で私が目論んだのは、キリスト教倫理の要をなす複数の理念を「学びほぐす」ということでした。「学びほぐす」というのは、敬愛する哲学者・鶴見俊輔さん(一九二二―二〇一五年)が英語の動詞 unlearn にあてられた達意の訳語です。鶴見さんがこの単語を初めて耳になさったときの興味深いエピソードをご紹介しておきましょう。

一七歳の夏休み(一九三九年)、ニューヨークの日本図書館ではたらいているときに、ヘレン・ケラーが手話の通訳とともにその図書館をたずねてきた。館長が、宮城道雄の「春の海」のレコードをかけると、ヘレン・ケラーは、蓄音機に手をふれて、そのふるえから何かを感じて、音楽についての感想をはなし、偶然、私に質問して、私がハーヴァードの学生だとこたえると、自分はそのとなりのラドクリフ女子大に行った、そこでたくさんのことを「まなんだ」が、それからあとたくさん「まなびほぐさ」なければならなかった、と言った。たくさんのことをまなび(learn)、たくさんのことをまなびほぐす(unlearn)。それは型どおりのスウェーターをまず編み、次に、もう一度もとの毛糸にもどしてから、自分の体型の必要にあわせて編みなおすという状景を呼びさました。

(鶴見俊輔『教育再定義への試み』岩波現代文庫、二〇一〇年、95―96頁〔原本は岩波書店より一九九七年刊〕)

この「学びほぐす」について鶴見さんは、「『忘れる』という意味ではないと思う。学びほぐさなければ、人生を生きる知恵にならないということだね」（鶴見俊輔＋ききて黒川創『不逞老人』河出書房新社、二〇〇九年、166頁）とか「大学でまなぶ知識はむろん必要だ。しかし覚えただけでは役に立たない。それをまなびほぐしたものが血となり肉となる」（「対談の後　考えた」、『朝日新聞』二〇〇六年十二月二十七日朝刊）と敷衍しておられます。

また unlearn と同じく、「反復」を表す接頭語（un）を共有する動詞 unthink に対して「編み直す」という絶妙な日本語を与えたのも、鶴見さんその人でした。彼によれば、unthink は「考えを戻す、またその考えを振りほどく」という反復行為を表す動詞であって、セーターをほどいた同じ毛糸で次のセーターを身の丈に合わせて編み直すように、ある思想体系（たとえばマルクス主義）に間違いが見られたからといって、これをそっくりそのまま廃棄するのでなく、誤りに対する共感をくぐりながら私たちの必要に合わせて元の思想を再編成する働きを指す語なのだそうです（鶴見俊輔『期待と回想――語りおろし伝』朝日文庫、朝日新聞社、二〇〇八年、337頁）。

「愛」にせよ「正義」にせよ、学生たちがすでに何らかの学びと理解を積み重ねており、さまざまな先入観がまとわりついている抽象語です。でも、よく知っているつもりのそれらの概念を噛み砕いて相手（および自分）の腑に落ちるものにしようとした途端に、行き詰まりこわばってしまうことはないでしょうか。そこが「学びほぐし」の出番です。実はこの私自身も、高等学校公民科「現代社会」の教科書を分担執筆した際に、「人権」、「責任」、「自由」といった抽象名詞を動詞や形容詞・形容動詞へとほぐしてパラフレーズした経験を有しています。たとえば「人権」の核心を取り出そうと、動詞（失う、奪う）や形容動詞（大事だ）を織り込んで「それを失うと自分が自分でなくなり、それを奪うと相手が相手でなくなるような大事なことがら」と言い換えてみました。そして「責任」を（相手の権利主張に、肯定なり否定の）「応答をする」という動詞へと、「自由」を「〜ができる／〜になれる」といった複数の可能動詞へとほぐしてみたのです（拙論「公民科教育という試練の場——〈教育における臨床の知〉に寄せて」、『教育学研究』第六九巻第四号、日本教育学会、二〇〇二年で詳述しておきました）。

言うまでもなく、こうした「学びほぐし」は学生にだけ求められるものではなく、教える側も身につけるべきアプローチに違いありません。教員が「学びほぐし」を実践するにあたって大切な視点となるのが、鶴見さんが同じ本で持ち出されている「まるごと（whole）と全体（total）」との対比です。

明治のはじめには、手ばやくつよい国家をつくるために、集団として型にはめこむ教育が、小学校だけでなく、中学校、高等学校、大学に必要となった。この場合、教師は集団として養成され、教師用の教科書（マニュアル）をもって、おなじ教科書（これは生徒用）を使って集団としての生徒に対する。授業は規格化され、採点もおなじ規準によってなされる。生徒は、おちこぼれるものを別として均質化される。［……］ここにひとりの生徒がいると、その生徒の位置は、達成度によって同年齢のものの中のこのくらいのものと確定することができる。これは全体（total）の中での位置づけである。

まるごとというのは、そのひとの手も足も、いやその指のひとつひとつ、においをかぎとる力とか、天気をよみとる力とか、皮膚であつさ、さむさ、しめりぐあいをとらえる力とか、からだの各部分と五感に、そしてそのひと特有の記憶のつみかさなりがともにはたらいて、状況ととりくむことを指す。その人のこれまでにうけた傷の記憶が、目前のものごとのうけとりかたを深めたり、ゆがめたり、さけたりすることを含む。（前掲『教育再定義への試み』岩波現代文庫、30―31頁）

均質集団である「全体」(total) ではなく「まるごと」(whole) を支えに、全身全霊を傾けた個別状況への取り組みを求める鶴見さんの教育論は、生徒・学生一人ひとりに向かい合うことなく、クラスや学年、学校といった集団単位で括っておいて、規格化された授業や評価にばかり没頭しがちな教員のスタンスを正しほぐすのに、きわめて有効な手立てとなるのではないでしょうか。

3　「学びほぐし」の実践へ

ＩＣＵでの三年間に扱った『辞典』（および『事典』）の各項目に関して、それぞれをどのように「学びほぐし」たかの詳細には立ち入りません。ここでは「正義」と「愛」に絞って、両者の unlearning の成果（?）の一端をお示しするにとどめます。

まずねらったのは、「正義」を〝幸福（ましな暮らし向き）の対等な分かち合い〟へと「学びほぐす」ことでした。この方針は、四十年以上も読み続けているジョン・ロールズの『正義論』第一節から示唆を得たものです。そこでロールズは、「社会」を「ましな暮らし向きの対等な分かち合いを目指す、協働の冒険的企て」（a cooperative venture for mutual advantage）であると端的に定義しています（神島裕子さんと福間聡さんとの共訳『正義論〔改訂版〕』紀伊國屋書店、二〇一〇年、7頁）。そうした冒険的企てである「社会」が目指すものこそが、「ましな暮らし向き」（当初は「相対的利益」と直訳していたadvantageを「以前と比べて暮らしよくなる」と解して、こう訳しほぐしてみました）を「独り占めすることなく同等に分け合うこと」（mutualの含意を目いっぱい生かしたつもりの日本語です）であるのなら、そうした社会の「まともさ＝正義」は〝幸福（ましな暮らし向き）の対等な分かち合い〟に極まるだろうと考えたのです。

ちなみにこうした「学びほぐし」は、聖書の「正義」を「抑圧からの解放」と解される本田哲郎師の視座（「いちばん小さくされた者」との連帯に踏み込むこと！）につながるものではないでしょうか（本田哲郎『聖書を発見する』岩波書店、二〇一〇年、155頁以下参照）。パウロ書簡を新たに訳出された本田師は、こう注記されています。

「義」とか「正義」、「正しさ」と訳されてきたギリシア語のディカイオシュネー dikaiosyneを、本書ではあえて「解放」と訳しました。

〔……〕ディカイオシュネーはつねに社会的弱者との関わりで用いられる、解放の働きを表すことばです。〔……〕

また形容詞ディカイオスは、解放のために立ち働かれる神と、神の心を行なう人たちに共通して用いられ、不当に虐げられている人たちの痛みを共有・共感する中から、その解放を目指して行動を起こす人、もしくはその結果、解放されて神との正しい関係にある人を表すものです。

これが「正義」の聖書的な意味です。（本田哲郎訳『パウロの書簡』新世社、二〇〇九年、15―16頁）

「愛」の「学びほぐし」は、この名詞を元の動詞へと差し戻すところから始めねばなりません。これについても、本田師がつとに提案なさっていることに従いたいと思います。

ギリシア語のアガペー、ヘブライ語のアハバー、これらを「愛、愛する」と訳すのはやめて、「人をその人として大切にする」と変えることをあらためて提案したい。事実、日本の聖書翻訳の歴史の中で、アガペーは「お大切」と訳したことがあったようです。当時の日本語で、アガペーにいちばんふさわしい表現と思われたのでしょう。それがいつの間にか「愛」という訳語に変わってから、家族や恋人への愛（エロースもしくはストルゲー）と、だれであれ相手をその人として大切にすること（アガペー）とが混同され、実践にあたって、ありえないことへの偽善的な努力をしてしまうことになっているのです。（前掲『聖書を発見する』、229頁）

「愛する」ではなく、「人をその人として大切にする」と訳し変えること――そうするとたとえば「愛の讃歌」として知られるパウロの書簡（「コリントの人々への手紙　一」の13・4―6）は、次のようなメッセージへとほぐされていきます。従来の「新共同訳」（一九八七年）や「聖書協会共同訳」（二〇一八年）と、ぜひ読み比べてみてください。

人を大切にするとは、忍耐づよく相手をすること。人を大切にするとは、思いやりをもって接すること。人を大切にするとは、ねたまず、うぬぼれず、思い上がらず、めざわりなことをせず、自分の利を求めず、いらだたず、人の意地悪を根にもたず、人を不正に抑圧して喜ばず、共に真実を喜ぶこと。

（前掲『聖書を発見する』、233頁）

以上のように「正義」と「愛」を「学びほぐし」たところで、両者を「つなげる」方向が見えてきます。これについては、福音書を各地の方言へと日本語訳する偉業を成し遂げた医師・山浦玄嗣氏（一九四〇年生まれ）のお仕事が手がかりになりそうです。福音書における「正義」もしくは「義」のギリシア語は「ディカイオシュネー」であり、これは旧約のヘブライ語「ツェダーカー」に対応しています。山浦さんによれば、この「ツェダーカー」はもともと「神さまのみ心を行なうこと」、「自分と人とをひとしくすること」、具体的には「施し」、「やさしさ」を意味していました。それを踏まえれば、「山上の説教」冒頭で語られる「真福八端」（八つの本当の幸せ）の二つの章句――「義に飢え渇く人々は、幸いである、その人たちは満たされる」（マタイ5・6）および「義のために迫害された人々は、幸いである、天の国はその人たちのものである」（同10節）――は、それぞれ次のように訳し直すことができます（山浦訳『ガリラヤのイェシュー――日本語訳新約聖書四福音書』イー・ピックス出版、二〇一一年、36頁／同氏の『イエスの言葉――ケセン語訳』文春新書、文藝春秋、二〇一一年も参照してください）。

施しにありつきそこねて、腹が減っている人、咽が渇いている人は幸せだ。腹いっぱいに食わせていただくことになる。

［ほだされてつい施しをするものだから貧乏人から］いつもねだられて追いかけまわされている人は幸せだ。神さまの懐にシッカリと抱かれるのはその人たちだ。

ドクター山浦の改訳は、「社会の正義」を追い求めてきたつもりの私に厳しい反省を迫るものでした。世界の中心にどっかり居座る者が垂直方向に請い求める「義」ではなく、飢え渇く人びとのつながりに身を置く人の子が水平方向に施す「やさしさ」に向かおうとする、「正義」の《コペルニクス的転回》を促すからです。「正義」と「愛」とをほぐしつなげる道すじは、この《転回》を通じてこそ切り拓かれるのではないでしょうか。

おわりに

「結び」に代えて、今後の課題を二つ挙げることにします。その一つは、「正義を実行する信仰」に奉仕し、「他者に仕える人」（Men and Women for Others）の育成を目指すイエズス会教育の指針となる“option for the poor”（貧しい人々を優先するという選択）の理解と実践的適用を進めることです。これについては、イエズス会社会司牧センター監訳になる文書『イエズス会の大学における正義の促進』（イエズス会日本管区、二〇一五年）が差し当たっての参考になるでしょう（原文 *Promotio Iustitiae* も http://

www.sjweb.info/sjs に公開されています)。

〔一九七五年に公布された〕第四教令によってイエズス会員は、貧しい人々を優先するという選択が、イエズス会の使命の中心的位置を占めていることを理解するようになりました。そして同教令は、多くのイエズス会員とイエズス会の機関がより効果的に貧しい人々と共に歩み、彼らに奉仕するための原動力になりました。

(『正義の促進』、13頁)

もう一つは、「隣人愛」の中核に「あなたを苦しめているものは何ですか」という問いかけがあると見定めたシモーヌ・ヴェイユを、正義と愛を「学びほぐし・つなぐ」営みの手引きとすることです。ヴェイユの名前は、広島教区のカトリック高校生「統合運動」を統率してくださった深堀升治《ふかほりしょうじ》神父(当時は三篠教会、現在は呉教会の主任司祭)に教わりました(一九六九年三月のこと)。そのヴェイユが書き残した意味深長な一節を引いて、正義と愛の「学びほぐし」をめぐる私の報告を締めくくるといたしましょう。

聖杯伝説の最初のもののなかに次のような話がある。聖杯は、聖体の功徳によって聖なるものとされ、どんな飢えをも満たす力をもつ奇跡的な石の器であるが、この器を所有することができる者は、器を守っている王、痛ましい傷のためからだの半分以上が利かなくなっていることの王にむかって、「あなたを苦しめているものは何ですか」(Quel est ton tourment ?)とまず最初に声をかける人であるという。

まったき隣人愛とは、「あなたを苦しめているものは何ですか」と問うことに尽きる。不幸な人がなんらかの集合体を構成する一単位としてではなく、「不幸な人」というレッテルを貼られた社会的カテゴリーの一員としてでもなく、わたしたち自身とまったく同じ人間であるにもかかわらず、ある日、不幸に見舞われて、模倣をゆるさぬ不幸の烙印を押されたひとりの具体的な人間として存在することを知る。これが隣人愛である。

（ヴェイユ『神を待ちのぞむ』所収の「神への愛のために学校の勉強を活用することについての省察」末尾／田辺保・杉山毅訳、勁草書房、一九六七年、98頁以下／渡辺秀訳、春秋社、二〇〇九年、103頁／冨原眞弓編訳『ヴェイユの言葉』みすず書房、二〇〇三年、248頁による。一部改訳）

【付記】二〇一八年七月二十八日の上智大学神学部夏期神学講習会での発題を、当日配布したレジュメをもとに再構成しました。

注

（1）出典は、イエズス会士フアン・ボニファシオ（Juan de Bonifacio. 一五三八―一六〇六年）が著した『キリスト教子弟教育論』（*Christiani pueri institutio adolescentiaeque perfugium*. 一五七五年）。佐藤彰一さんの好著『宣教のヨーロッパ――大航海時代のイエズス会と托鉢修道会』中公新書、中央公論新社、二〇一八年がこの時代の動きを活写しています。

（2）小論「Cura Personalis と Renovatio Mundi――三人のイエズス会士に学んだこと」（『カトリック教育研究』第二八号、日本カトリック教育学会、二〇一一年）において、林先生、木村信行先生（一九二五―二〇一〇年）、大木章次郎先生（一九二六―二〇一五年）から賜った深い学恩を振り返っておきました。

（3）「反照的均衡」（reflective equilibrium）とは、生活と科学にしっかり向き合いながら道徳原理を定式化していこうとするロールズの倫理学方法論。生活者が共有している判断と科学的手続きを踏まえて導出された原理とが適合（均衡）し合うところまで、両者の相互調整を進めるものです。拙著『ロールズ――正義の原理』（現代思想の冒険者たち Select、講談社、二〇〇五年）180頁以下を参照してください。

「一匹の羊を探し求める教会」――Y・コンガール、奉仕の神学を読む

原　敬子

1　「出向いて行く教会（教皇フランシスコ）」と公共圏（Public sphere）

教皇フランシスコは自身の説教の中で「羊の匂いのする」という比喩を頻繁に用い、教会とキリスト者、特に司牧者の生き方がどうあるべきかを提示している。「自分から出ていかず、恵みの仲介者とならない司祭は、次第に単なる管理者と化してしまいます。わたしたちは皆、その違いを知っています。管理者は『すでに報いを受けており』、自分の手も心も用いないので、心からの感謝を受けることがありません。これが一部の司祭の不満の原因です。彼らは不機嫌な司祭となり、いわば過去の遺物や新規なものの収集家となりますが、『羊の匂いのする』牧者となることがありません――これが皆様にお願いしたいことです。本当に『羊の匂いのする』牧者となってください――。しかし、不機嫌な司祭たちは、自分の民の牧者にも、人間をとる漁師にもならないのです[1]」。「キリスト教共同体には、いつも誰かが欠けており、その人が居なくなると、空白が残ります。それにより、しばしば気力がくじかれ、それは不治の病のように避けられない空白であると考えるようになります。このように、わたしたちは羊の匂いではなく、柵の匂いのする囲いの中に自分を封じ込める恐れがあります。

キリスト者はどうでしょうか。わたしたちは閉じこもってはなりません。閉じこもったら、腐った匂いになってしまいます。絶対にいけません。出かけて行く必要があります。(中略)イエスの目から見ると、完全に見失った羊はいません。再び見つけなければならない羊だけが存在します[2]」。

また二〇一三年、教皇は、二〇一二年「シノドス第十三回通常総会――キリスト教信仰を伝えるための新しい福音宣教」の提言を受けて、使徒的勧告『福音の喜び(Evangelii Gaudium)』を発表したが、その本の中でも、福音宣教者とは「羊の匂い」のしみた者(羊飼い)であり、羊はその羊飼いの声を聞くと述べている。羊と羊飼いとの関係とは、「福音を宣教する共同体は、行いと態度によって他者の日常生活の中に入っていき、身近な者となり、必要とあらば自分をむなしくしてへりくだり、人間の生活を受け入れ、人々のうちに苦しむキリストのからだに触れ[3]」るようなことであると述べる。このように「羊の匂い」の喩えを用いることで読者の五官に強く働きかけ、キリスト者とはいつも羊の近くに存在する者、また、見失った一匹の羊をどこまでも探し歩く牧者の姿のことなのだと強く印象づけているのである。

羊飼いが福音宣教者であることの比喩に対して、『福音の喜び』の中での「羊の匂い」のしみた福音宣教者の声を聞く羊は「人類」である[4]。福音宣教者(Les évangélisateurs)というものは、どれほど辛く長い道のりであっても、人類という羊と歩む羊飼いであり、福音宣教する共同体(la communauté évangélisatrice)とは、人類という羊の羊飼いたちの集団である。この文脈において、人類と福音宣教者という二者の関係は、羊と羊飼いのように密接不可分な関係を成している。

この文書の中で、教皇は、一見すれば同じ意味のようにも取れる「教会」と「福音宣教する共同体」の二つの言葉を意識的に区別しているのが窺える。「福音宣教する共同体は、主がイニシアティブをとり、先にわたしたちを愛してくださったことを知っています（experimenter）。（中略）思い切ってもう少し『プリメレアル（premerear）』（註　主導権を取る者）となってください。そうすれば、教会は『かかわる者』となれるでしょう[5]」。あるいは、「福音を宣教する共同体はうれしさに満ちていて、いつも『祝う』ことを知っています。（中略）教会は、福音化すると同時に、自身、典礼の美しさによって福音化されます[6]」と述べている。つまり、ここから分かるのは、現在、教会は、まだ、完全に福音宣教する共同体にまでは至っていないので、新約聖書の中に描かれている原点に立ち返り、かつての福音宣教した共同体のことを教会と呼んでいたような、あの教会と言えるようになるまで、刷新、改革をしようではないかという教皇フランシスコの意欲的希望が色濃く示されているということである。事実、『福音の喜び』第一章のタイトル「教会の宣教の改革（La transformation missionnaire de l'Église）」には、明らかに改革の意向が示されている。その改革とは、まさに、羊飼いと羊に喩えられる教会と人類の間の関係性の改革・刷新を意味し、特に「先送りできない教会の刷新」とは、「教会の全構造をいっそう宣教へと向かうものとすること、すべての領域で通常の司牧活動をより広くいっそう開かれたものとすること、司牧に携わる者がつねに『出向いて行く』態勢であるよう励ますこと[7]」として理解されるべきものとしている。

　では、教会が完全に福音を宣教する共同体になり切れない原因は何であろうか。教皇フランシスコはこの原因として、教会内部に巣食う世俗主義の問題を指摘している。世俗主義は教会の外側に存在するという見方ではなく、当然それは、教会の内部にも影響を及ぼしているという見方である。現代世界における教会と人類の関わる課題（第二章一節）は、たとえば、排他性と格差のある経済、もはや新しい偶像となってしまった貨幣、抑えの効かない消費主義がもたらす軍備拡張競争と貧しい人々や貧しい国々が負う損害、そして、信教の自由を脅かし、外的なもの、即時的なもの、表面的なもの、一時的なものでしかない文化の問題である。このような問題に拍車をかけているのが、現代を特徴づける世俗化（sécularisation）の歩みであるが、かろうじて、このような風潮にあっても、カトリック教会は信頼できる制度として一般世論から評価されており、教会はたびたび仲介者の役割を果たしてきたことは否めない[8]。しかし、まったく不十分な次元が存在する。これが、司牧にかかわる者たちが陥っている疲弊に対する無自覚な状態である。現代の教会を覆い、疲弊させている根元は、上記のような数々の現代的な課題への直面によるものではない。そうではなくて、目に見えない現代の世俗化そのものの影響が司牧者の精神に浸透しきっている状態にあると教皇は主張し、その状態、すなわち、「霊的な世俗性」（あるいは「この世性」。la mondanité spirituelle【仏】、spiritual worldliness【英】）に留まっていてはならないと言う。「時代の子として、わたしたちは皆、現代のグローバリズム文化から何らかの影響を受けています。価値や新しい可能性を提示するとはいえ、この文化はわたしたちを制約し、条件づけ、病にまで至らせることもあります」（EG77）[9]。「多くの福音宣教者においては、祈っていながらも、個人主義、アイデンティティの危機、そして熱意の低下が際立って見られます。この三つの悪は、互いに作用し合[10]」（EG78）うと述べている。

したがって改革・刷新の問題の中核にあるものは、教皇フランシスコにとって、福音宣教に出向いて行くことをためらっている司牧者自身なのである。彼は、この刷新・改革を行う主体としての司牧者たち、すなわち羊飼いたちが、現代世界の隠し持つ陥穽に自らはまってしまっていることを、第二章「危機に直面する共同体」の二節「司牧にかかわる者が直面する誘惑」の中で詳しく述べる。

さらにこの、霊的な世俗性を、二つの源泉、つまり、一つは、主観主義にとらわれた信仰としての「グノーシス主義」、もう一つは、自己完結的で定められた法律を遵守することに終始する「新ペラギウス主義」から湧き出るものとし、このような態度こそ人間中心的な内在論の表出だとして厳しく非難している。彼の非難は、事実、存在している司牧者集団の生き方、その態度に向けられる。自分の力だけに信を置く人、定められた法規を遵守する人、カトリックの過去に特有の様式にかたくなに忠実である人など、一見、教会の中で何一つとして非難されるべき点がないように見える人々のことを「イエス・キリストに対しても他者に対しても、真の関心を払っていない」[11]人とし、このような人々の表現する「このようなキリスト教のゆがめられた形態が、福音の真の活力を生み出すとは想像もできない」(EG94)と語調を強め、忠告を促す。グノーシス主義、新ペラギウス主義といったかつて異端とみなされた反キリスト教的思想が、教会内のあたかも正統と態度表明している人々の姿の中に伏在するとみなしているのである。

さて、教皇フランシスコはこのように、福音書の中に描かれる羊飼いの徹底した福音的行動様式を福音宣教者、司牧者に対して要求するのだが、教会として、人類が直面する具体的な課題のうちのどのような面に対して実際の行動を起こしているのだろうか。また、我々はこのような行動様式に対して、どこに神学的根拠を求めることができるのだろうか。さらには、教会が福音宣教する共同体と成り、名実ともに「出向いて行く教会」と成っていくために何が必要であろうか。またこの場合、出向いて行く先としての公共圏を我々はどのように理解すべきだろうか。これらの疑問を探るために、まず、具体的な一つの例として、ワールド・ユース・デイ（以下、WYD）を取り上げる。次に、「出向いて行く教会」の神学的根拠を求めるため、近年、再評価されている、Y・コンガールの『奉仕する貧しき教会 Pour une Eglise servante et pauvre（1963）』をみていき、最後に、教会と公共圏との接点、その関係を理解するための可能性を記したい。

2　WYD『世界青年の日』が目指しているもの

WYDは、国連が一九八五年を「国際青年年（International Youth Year 1985）」と定めたことを受け、前年の一九八四年「あがないの特別聖年」の閉会ミサで、教皇ヨハネ・パウロ二世が青年たちにローマで集うように呼びかけたことによって始まった。WYDがカトリック教会主導のイベントではなかったことは意外に知られていない。WYDのきっかけとなった「国際青年年」とは、当時の国際連合事務総長であるハビエル・ペレス・デクエヤルのメッセージにおいて「青年はみな公正で機会に恵まれた世界を希求しています。青年は人類の多くを苦しめている貧困をなくし、軍備競争を終わらせるための方法を模索しています」と述べられているように、世界の青年たちが置かれていた切迫した状況への懸念により、一九七九年十二月の国連総会において開催が決定された世界規模のキャンペーンである。当時、一九八〇年における世界の青年人口は推定八億五千七百万で、この数は過去二十年間のうちに六七パーセントの増加を示している。青年の人口増加は急激に進んでおり、一九九一年に世界の青年人口が十億を超えるが、その後、世界的な出生率の低下で減少を辿ることも予想されていた。しかし、いずれ減少が予測されたとしても、当時の青年人口の分布でみると、八億から十億と言われる世界の青年人口のうち六億六千五百万という大多数はアフリカ、アジア、ラテン・アメリカの中でも新興国で暮らしており、このような地域に暮らす青年たちが経験したことを象徴した言葉は、「欠乏」「失業」「就職難」「劣悪労働条件」「不安」「自己防衛」「最低生活保障」「生き残り」だった。特に女性、農村青年、都会の貧困層の青年、障害者の青年及び難民の青年らが複雑化した社会問題のしわ寄せを受けやすい環境に置かれていた。(12) このような社会的背景の下に、世界の青年たちに向けてのエンパワーメントとして「参加（Participation）、開発（Development）、平和（Peace）」というスローガンが掲げられ、二十四カ国からなる国連の国際青年年諮問委員会によって世界各国でキャンペーンが繰り広げられていたというわけである。ある意味で、当時の教皇、ヨハネ・パウロ二世は、ＩＹＹ（International Youth Year）「国際青年年」という世の動きの中に、教会という制度、組織の枠を超えて飛び込んでいく決断をしたと言えよう。しかも、ＷＹＤ（World Youth Day）「世界青年の日」というタイトルを与えたことによって、世界の青年たちに向けて国家間の境界を意識的に突破させるヴィジョンを提示したとも言える。教皇の呼びかけなのだから、ＣＹＤ（Catholic Youth Day あるいは、Christian Youth Day）としても良かったところを、あえて、ＷＹＤと銘打った点に、見えるかたちとしての教会、建物としての教会の持つ固定観念的な教会論からの脱却の意図が垣間見られる。

ＷＹＤは開催当初からメガ・イベントであった。一九八五年、ヨハネ・パウロ二世の呼びかけどおりに青年大会は行われたが、実質の第一回ＷＹＤは一九八六年のローマ大会である。第二回一九八七年ブエノスアイレス大会では百万人規模のイベントとなる。第三回めから二年に一度の開催となり、一九八九年サンティアゴ・デ・コンポステラ大会からは、さらに組織化されたものとなり、今大会から三つのテーマ、⑴カテケージス、⑵前晩の徹夜の祈り、⑶全世界の青年と捧げるエウカリスティアがイベントを構成する中核に据えられた。その後の二年あるいは三年に一度の開催は以下の通りである。

第四回　一九九一年チェンストホヴァ大会、ベルリンの壁崩壊後の画期的な開催。
第五回　一九九三年デンバー大会、現代的都市での開催。
第六回　一九九五年マニラ大会、四百万人の集うアジアでの大会。
第七回　一九九七年パリ大会、この年から十字架の道行きが取り入れられる。
第八回　二〇〇〇年ローマ大会、大聖年の年。日本からも公式巡礼団が開始された。二百万人規模。
第九回　二〇〇二年トロント大会、ヨハネ・パウロ二世最後の参加（二〇〇五年四月帰天）。
第十回　二〇〇五年ケルン大会、ベネディクト十六世によって継承される。
第十一回　二〇〇八年シドニー大会、カトリック信徒は人口の二十パーセントの国での開催。
第十二回　二〇一一年マドリッド大会、ベネディクト十六世最後の参加（二〇一三年二月退位）。
第十二回　二〇一三年リオ・デ・ジャネイロ大会、フランシスコ教皇によって継承される。
第十三回　二〇一六年クラクフ大会、ヨハネ・パウロ二世列聖後のポーランドでの開催。

第十四回　二〇一九年パナマ大会、二〇一九年一月開催。

このように、国連による世界に生きる困窮した青年に向けた啓発活動から開始されたＷＹＤは現在も継続しており、その時代、時代に生きる青年たちの国際的な交流の場となり続けている。もちろんこのイベントに参加する青年たちはカトリック教会と何らかのかかわりがなければ参加することはないであろうし、このイベントすら知らないであろう。しかし、その一方で、カトリック教会側からみれば、第二バチカン公会議以降の刷新を希求するカトリック教会の歴史において、実際に見えるかたちとしての教会、建物としての教会のもつ空間的イメージを脱却するために、また、「地上を旅する教会」という教会観を人びとに再認識させるために、このイベントは重要な役割を担っている。イベントそのものが内包する性質として、国連が最初に示した三つのスローガンがそのまま当てはまる。まず、そこに「参加」し、ともに時間を共有する。次に、集まった場所では互いが一人一人の成長を目指し、現状の問題からの「開発」を目指す。そして、集まりから出発する時には「平和」を生み出す人間になるということ。この一連の人間集団の参与によるダイナミズムへの促しは、カトリック信徒である青年にも向けられるものであるし、ただ、そこにはとどまらず、全世界の青年期を過ごす人びとにも向けられたものである。カトリック教会が今もなおＷＹＤ、「世界青年の日」と謳っているのは、集まること、ともに時間を共有すること自体のうちに働く神の愛を信じているからに他ならない。このような精神は、一匹の羊を探してこの地上を旅してまわる牧者の心そのものを示している。すべての貴重な青年期を過ごす人びとに、ともに生きることの喜び、ともに成長し、平和を創造することの美しさを経験してほしい。この深い思いがＷＹＤというイベントを行い続けている原点になっているのである。

特に、フランシスコ教皇の時代になって、ＷＹＤの方向性が原点回帰を目指していることが色々な文書から垣間見られる。二〇一八年十一月二十二日のフランシスコ教皇からのＷＹＤパナマ大会に向けた青年へのメッセージは、他の人への奉仕でこの世界の困窮に変革を巻き起こすよう呼びかけている。教皇は、苦しんでいる人を助けることで、若いカトリック信徒も信徒でない人も世界を変える力――「奉仕による革命」――を得ることができる、と言う。さらに、幸せになるため、多くの人を幸せにするための第一歩は、各自に与えられた使命（Vocation）を見出すことであるといった内容を述べている。パナマ大会直前のこのような教皇のメッセージは、二〇一八年十月に行われた第十五回世界代表司教会議（通常シノドス）のテーマ「若者、信仰、そして召命の識別」における議論を反映していると思われる。シノドス準備作業、Instrumentum Laboris（討議要綱）[13]によれば、その議論は大きく三部構成になっている。第一部「知ること、現実を聴く教会」、第二部「解釈すること、信仰と召命的識別」、第三部「選ぶこと、司牧的・宣教的回心の道」と、全体的に見ても、カトリック信徒の青年に向けて「何を、教えるべきか」といった教理的な内容よりも、今、この世の中に存在するカトリック信徒の青年たちが、「どのような、現状に置かれ」、彼らが「どのように、これから生きるために」、「どのような、働きかけができるか」といった実践的、司牧的な内容となっていることが分かる。特に、第二部における「召命的識別」では、そもそも自分自身に与えられた神からの賜物、あるいは召命は、各々ユニークなあり方で開花するものであり、その多様性と固有性をいかに大切にできるか、その発見の道への同伴のあり方が詳細に記述されている。青年に向けられたこのようなアプローチであれば、当然、カトリック信徒のみならず、信徒ではない人びとに向けても同様に接していく手段として非常に有用である。人間であれば、一人一人の人の信条、拠って立つところに従って、自分自身の人生を意味のあるものにしようと生きているのであり、その意味で「召命の識別」の道は、誰にとっても回避することはできない道である。カトリック教会は第二バチカン公会議以来、自らを空しくし、常に宣教を行われる主体である神の働きを受け入れる「器」（客体）となって奉仕する意向を示しており、これを現実のものとしていくプロセスを歩んでいる。教会は、教会憲章第四十項において、「実際、主はすべての人に聖霊を派遣し、聖霊は、人々が心を尽くし、精神を尽くし、思いを尽くし、力を尽くして神を愛するように、またキリストが彼らを愛したように、彼らも互いに愛し合うように、彼らを内面から動かす」と、つまり「すべての人が聖性に招かれている」ことを主張している。WYDは、二〇一八年のシノドスを経て、フランシスコ教皇とともに「奉仕する教会」の霊性に回帰するよう刷新が続けられている。

では、このような一匹の羊を探す牧者の霊性、「奉仕する教会」の神学的根拠とはどのようなものであろうか。次項において、Y・コンガールの理解から探っていきたい。

3　Y・コンガール『奉仕する貧しき教会』(1963)[14]

一九〇四年、フランス北西部に生まれたイヴ・マリー＝ジョセフ・コンガール（Yves Marie-Joseph

Congar. 以下、コンガール）は、一九二一年、教区神学院に入った後、ドミニコ会へと所属を変更し、司祭の道を歩み始めた。中世神学者としてのコンガールの最初の著作は、『分かたれたキリスト教世界』（1937）であり、彼の人生の発端からその神学的志向はキリスト教再合同へと向けられていた[15]。『奉仕する貧しき教会』は一九六三年の著作であるが、先立って一九六〇年七月、教皇ヨハネ二十三世によって開催を宣言された第二バチカン公会議の草案テキスト作成委員会の委員の一人に任命された後、公会議開催中に出版した二巻にわたる大作である『伝承と諸伝承』（*La Tradition et les Traditions*）[16]の間に「幾人かの友人から頼まれて[17]」、執筆された教会の権威に関して特化した小さな著作である。当時、一九六二年十月十一日の第二バチカン公会議開催に際して、教会と権威に関する問題は大きな議論を巻き起こしていた。コンガールはすでに神学シリーズの《Unam sanctam》38巻『権威の問題（*Problèmes de l'Autorité*）』、39巻『司教と普遍教会（*l'Episcopat et l'Eglise universelle*）』を出版しているが、その内容をコンパクトにまとめたものがこの『奉仕する貧しき教会』である。

『奉仕する貧しき教会』は大きく二つの部分に分かれている。第一部「奉仕としての位階性」では、まず、(1)「福音の源泉」に立ち返り、(2)「教会が辿って来た歴史」を概観した後、(3)「権威の意味」を根源的な次元から解き明かし、第二部「栄誉と神秘」において、(1)「法による侵襲」、(2)「どのようにして教会は誇り高き相貌となったか」と題し、キリスト教における権威の本質論から除外可能な事実をいくつか明確にし、それを前半の権威の意味内容から切り離して論じている。コンガールは、教会はその原初からいかに公共圏との対話によって成立した場であったかを、キリストを頭とし、奉仕する貧しき教会の本質を通して提示しようとしているのである。以下、特に、教皇フランシスコの喚起する改革・刷新の神学的な行動原理に関する三つの概念を抽出し、検討する。

⑴貧しく仕えるキリストの姿

ガリラヤ宣教の後、イエスの最後の旅であるエルサレムへの途上、福音書における弟子たちの議論の中には上席権を巡る問題（la question de préséance）がしばしば現われる。「いちばん偉いのは誰か」（マルコ9・34、ルカ9・46）。マタイはさらに地上での上席を超越した次元に目を向け、次のように記す。「天の国でいちばん偉いのは誰でしょうか」（マタイ18・1）。このような議論は、ペトロのイエスに向けた信仰宣言「あなたはメシア、生ける神の子」へのイエスの応答――「わたしはあなたに天の国の鍵を授ける」（マタイ16・19）――を受け、活発化しているようにもみえる。イエスは、高い位を羨望する弟子たちに気づき、小さな子どもを彼らに示し、「子供のようにならなければ、決して天の国に入ることはできない」（マタイ18・3）とたしなめている。イエスが自らの受難と死を予告し、新しい宣教の次元に差し掛かる時期に際して、弟子集団の個々の心情の内にうごめく上昇志向は、イエスにとってどのような意味を持っていたのだろうか。

コンガールは、イエスの認識のうちに、「天の国でいちばん偉い者」（マタイ18・1、4）「あなたがたの中で偉くなりたい者、いちばん上になりたい者」（同20・26―27）といった上昇志向的な感覚があったことを福音書が肯定的に記述している点に注目している。つまり、「ここで用いられている表現には、ある意味とても大きな力がある。この世的な社会の秩序のように、福音の秩序の中にも、いちばん偉いとか、いちばん上という概念が存在する」[18]のである。しかし、同じ表現を用いながらも、言わばこの世的な語の使用方法と福音におけるそれとでは全く異なった逆説的な用い方がされている。この世的な社会の中での「いちばん偉い、いちばん上」という表現には、権力的な意味合いや支配者の像を重ね合わせたりするようなニュアンスが付随するが、それが福音の内容の中では、権力者のパワーではなく、奉仕者の姿となる。「あなたがたの中で偉くなりたい者は、皆に仕える者（*diaconos*：召使い）になり、いちばん上になりたい者は、皆の僕《しもべ》（*doulos*：奴隷）になりなさい」（マタイ20・26b、27）。偉くなりたい、いちばん上になりたいという人間の習性は消えることがない。なぜなら、創世記3章「エデンの園から追放されたアダムの物語」からも分かるように、「人間はけっして自らが自由な支配者となることはできず、必ず、何らかの支配の下に置かれて[19]」おり、その秩序の中で自分自身を反省的に位置付けざるを得ない運命にあるからだ。このような運命に置かれた人間が神の秩序から逃れてしまえば、簡単に《絶対的な諸権力》の秩序の下に陥れられてしまうだろう。それに対して、神の支配下にあるキリストは、この世の権力を所有するようなかたちで神の支配的な力の秩序を有することを良しとせず、むしろそれとは反対に貪るような態度を放棄し、愛の精神のうちに自らを貧しくし、十字架の死に至るまで、謙遜な奉仕によって神からの愛を獲得しようと欲したのである（フィリピ2・6―11）。神の支配の下に新しく開かれた世界の秩序における新しい人間の姿は、このようなキリストの態度を模すことである。したがって、イエス・キリストから弟子へと継承される命令（ordre）が意味する内容は、神と人とに対して自らを貧しくし、仕えていくという人間の態度そのものなのであり、滝の流れが上から下へと流れ落ちていくように、次の人間へと同じ態度が引き継がれ、現実化されなければならない。「神の計画はこうして伝達され、実現されたものこそがその真理を伝達するのであり、現実であり源泉（Réalité-Source）という人間の行動を再生産しなければならないのである。（中略）まさに、弟子たちの按手（L'ordination）はいわば奉仕する人々の手による按手なのである」[20]。したがって、福音の源泉において継承されるべき権威とは、イエス・キリストの示した、神と人に仕える態度に基礎づけられたもの以外、他にはないということになる。

(2)世俗的権威との同調

コンガールは、次に、(1)殉教の時代、(2)ローマ帝国における国教化の時代、(3)中世における聖職者の時代、(4)トリエント公会議から現代まで、と四つの歴史的区分によって、教会が歩んだ歴史的宿命における権威のあり方の変遷を記している。しかし、コンガールによれば、「殉教の時代」と「ローマ帝国における国教化の時代」の二つの時代は、厳密な年代区分で区別できるものではなく、権威の概念に関して同じ教会論的な世界観を有しているとみなすことが可能だとされている。

まず、殉教の時代では権威には三つの価値観が付されていた。一つめは、アンティオキアのイグナチウスやキプリアヌスのテキストの中に見られる非常に強い権威の表明である。この表明は、人々を救いに導き、恵みを与える神秘的価値と社会を統治し、人々の生活を正しいものとする法的価値を一致させるほどに強いものであった。二つめは、共同体と結束した権威である。古代教会の典礼において、《わたし》という主語が《わたしたち》という主語と切り離されることはなかった。権威は共同体的一体感の中で行使されていた。三つめは、聖霊という語のもとで、権威のカリスマ的、霊的な要素が強調された結果、権威が特定の人物に付与されたものへと変化したという点である。特に司教たちが、第一のカリスマ的存在となり、聖霊の賜物を一身に受けた並外れた霊的存在のように扱われ、それが権威とみなされるようになったことは権威のあり方の第一の変化である。

ローマ帝国のキリスト教において司教たちは、帝国という枠内で、かつ、都市の世俗生活の圏域で、公的権威を身に帯びはじめる。[21] 修道者であろうがなかろうが、司教とは、霊的な人間なのであり、神の人と同一視される。権威とは、司教の権威とみなされ、殉教の時代から継承されてきた神の人の権威はさらに強調されるようになる。神の人は、聖書研究と祈りと断食、また、人々の歓待に身を捧げ、全ての人を同伴し、傾聴し、援助し、施す義務を担う。したがって、司教という一人の人間の姿はあらゆる人間に対する理想的な姿としてみなされるようになり、その結果、司教の権威は真の奉仕の精神のうちに遂行されることが第一義的な内容となった。[22] 中世に至るまでに、カトリック教会における権威は、次のような変遷によって固定化していくことになる。(1)エクレジア（ecclesia）という用語はキリスト者たちの社会を示すが、本来の意味における教会と帝国や王国を総括していた。(2)このエクレジアは教皇ゲラシウス一世（―四九六年）の統治以降、二つの権威によって統治された。一つは王国によって、もう一つは聖職者集団によってである。(3)聖職者の権威は本質的に鍵の権力、すなわち聖なる権力として理解された。特に、秘跡において、また、法的に、天国に入るために開くこともでき、また、拒むこともできる聖なる鍵の権力である。[23]

しかし、宗教改革以降、権威の問題は歴史的な背景のみならず、原理的観点から問われ始めた。トリエント公会議以降、教会からの反応は、権威を再表明し、優先することに中心を置くという側面と、倫理的な問題や司牧の現場からその概念や実践について再解釈して動くという側面がみられる。[24] 前者には、権威や従順の絶対化という側面が教会論的な次元で発展した例が認められる。例えば、《教会としてのキリストのからだ》の主題のうちに《教会としての花嫁》の主題が基礎を築くにしたがって、そこに、神の権威は現存として、物理的にも、自動的にも、教会の権威のうちに完璧に現れ、それにふさわしい人間規範のうちに、神的権威の絶対的規範が注がれるのだと考えられた。[25] また、後者の例としては、司牧現場に従事する司教や司祭の行動にその例が認められる。彼らは、たゆむことなく、司牧的規律の中でのさまざまなケース、援助や支援、救済の役務のため、多様な働き方をしている。しかし、皆、司教も司祭も同様に、彼ら自身が担う司牧的、使徒的責任というある種特別に厳しい感覚を持っている。使徒的という場合、近代以降、この形容詞に備わったものは、熱心さ、宣教的、という意味と同一視されている。[26] そこには、奉仕する貧しき教会の担う権威の要素はかなり失われていく。

(3) 人、教会、キリストのからだのうちに一つ――リアリティと関係性

コンガールは、新約聖書におけるイエスとその弟子たちの態度表明はたしかに権威の源泉を示すにふさわしいが、人の無私無欲さと奉仕の精神において、権威を行使する必要性を説明するには不十分であるとし、さらに進んだ説明を試みるために、正当的で理にかなった次元の問題に取り組んでいく。それはすなわち、心と意識の次元に関わることである。たしかに良い羊飼いは自分のいのちを羊に与え、自分のためだけに生きるのではなく、羊のために生きる。たとえば、このような良い羊飼いのことを知ることは、単に、人の知識の次元で知るに止まらない。心と意識によって、それを知るのであ

る。羊飼いの行為それ自体は、教会においても、また、この世全体においても、掟の正しいあり方を守りたい者たちにとって、福音的な真の聖性原理であり、また、そうあり続けるのである。キリスト教においてはこのような道こそ、まさに、真福八端の精神といえよう。この原理は、世俗的な権威の力に同調した時代を経ても、心の次元で継承し続け、今も我々の心に響き続けている。したがって、キリスト教に特有である教会における権威は、現代においても、「けっして支配のようなものではない。それは強制力によって強いられるものではなく、仕える態度、貧しくされ、無私無欲で、献身(27)」と宣言できるのである。

ここでのキーワードとして、コンガールは、リアリティという語を用いる。福音書においてはイエス・キリストが何を為したか、何を試みたかに注目するよう、コンガールは我々を導いていく。それはとりもなおさず、イエスが、今、ここで何を為すか、何を試みるかという問いとも連結している。イエスは、自らに託された権威を弟子たちも同じく遂行しなければならないと、彼らの精神力を喚起したり、律法学者や教師と呼ばれる人たちの権威を使徒たちに委譲したり、あるいは、律法に司られたアロンの神権を福音の役務に変えたりするということで、満足していたわけではなかった。彼はリアリティそのものをまったく新しく変容させただけではなく、リアリティを引き起こす本質をも根本的な次元から変容させたのである。そして、当時のあらゆる祭儀に用いられたすべての供物を他の供物に代わるものにすることで満足したわけではなく、それらすべての供物に備わった本質を問題にしたのである。つまり、イエスはさまざまな出来事をそのリアリティが含みもつ別の計画へと移していったのである。供物、聖職、法、安息日、契約、会堂など、こういった種類のものには共通して、それ一つを変えるには、他のものも変えることが求められる一貫性、あるいは、神の子が人となり、聖霊が与えられるその時、すべてが新しくされてしまう、ある種の特別な関係性と一貫性を有している。このような新しさはリアリティにおいてのみ決定的な意味を創造することができる。リアリティは、あらゆる支配や権能が衰退するような状況に応答し、苦しみの外在性が限度を超えるような状況に応答し、また、最終条件によって築かれるであろう完全な内在性という状況にも応答する。純粋な現実性は終末論的である。神はすべてにおいて、すべてとなられている[28]。

ここで言われるリアリティは、ありとあらゆる場で発芽する細胞のようなものである。それは神の国のもとで常に起こっており、会堂という概念を超えている。教会は、犠牲と聖職と法、安息日と契約が、キリストの到来の時、与えられた聖霊の永劫（アイオーン）にふさわしく、新しい方法で実現する場である。これらはすべて、心のうちにある。ここでいう、犠牲も聖職も霊的な次元にあり、すなわち、それは隠喩とは異なったものであって、人の内に神の働きかけられる神への応答といえる[29]。この一つのリアリティのうちに、キリスト、信仰者、教会が一者のものとして存在する。それを理解できるのはただ一つ、心なのである。

心を中心とした時、人間の関係性、信仰者らとさまざまな物事との関係性、つまり、この世の水平軸的次元における我々のいのちの横糸を編んでいく関係性が、神から我々へと向かう愛の垂直軸、信仰の垂直軸の関係性のうちに取り戻され、心で受け止められることになる。パウロが述べる具体的な関係性としての三つのタイプは、この関係性をよく表している――他者あるいは異邦人との関係性（ユダヤ人とギリシャ人、あるいは、ギリシャ人と異邦人）、従業員と雇い人との関係性（奴隷と自由人）、そして、男性と女性の関係性である。このような三つのタイプの関係性はすべて水平軸の関係性である。しかし、それらのすべてにおいて、主のうちに、この関係性を生きるなら、根本的にその関係性は垂直的なものへと変容する。すべての関係性は、もはや、水平関係における二つの対抗概念として存在することはなく、三種類の主題のうちに関係性が位置付けられるのである。[30] つまり、三種類それぞれ、一つのリアリティのうちに、一つの関係性が存在すると心が受けとめるのである。

4　公共圏を再考するためのキリストの場

コンガールの示す権威は、教会が奉仕する貧しき教会であり続けることではじめて継承される権威である。たとえ、歴史的な宿命において、世俗的な権威と同調した時代を経たとしても、今、ここで、我々がイエス・キリストのとった行動原理に立ち返るならば、我々はイエス・キリストの福音宣教に与ることができる。現代、教皇フランシスコによって告知されている教会の改革・刷新の神学的根拠は、まさに、五十年以上も前にコンガールによって示されたビジョンと共通の根を持つ。それは、すなわち、イエス・キリストのこの世への受肉という、キリスト論的アプローチであり、現代を生きる我々カトリック信者にとってはイエス・キリストとの実存論的関係性の再解釈という作業を要求するものと考えることができよう。このような神学的内省作業を通して、司牧者、福音宣教者らは福音的な行動様式を自らのものとし、自分自身の殻から出て、また、内向的な現状から外へ出て行くことのできる可能性が開かれるのであろう。

ユルゲン・ハーバーマスは『公共圏に挑戦する宗教』の中で、ポスト世俗化世界社会における宗教の役割の中でも、特に宗教における祭儀経験の有用性について多大な評価を与えている――「宗教が存続するには信徒による礼拝活動が不可欠です。これが宗教の『独自性』ですね。近代において、宗教はなおも厳密な意味での祭儀経験の世界と今も通じている唯一の精神的形象です[31]」。ポスト形而上的思想の時代という、今日の哲学的現状の中で、ハーバーマスの注目する宗教とは、まさに公共圏において太古の昔から存在し、形而上的言説を必要としない意味での宗教性であり、人が内省しつつ歴史的基底に存在するが、けっして自己の内部に閉塞するのではなく、自己の外部へと働きかけるコミュニケーションである。「民主的な討議の場では世俗的市民と宗教的市民は相補う関係にあります。両者の関わり合いこそが、市民社会を土壌とし、公共圏でのインフォーマルなコミュニケーションのネットワークを通して成長するデモクラシーのプロセスを構成するのです[32]」。

ハーバーマスはこのように宗教の祭儀性について肯定的な視点を呈しているが、果たして、教会において、この働きが健全なあり方で、また、出向いていく教会として十全に発揮できているかどうかは、やはり、神の民としての信仰者たち皆が教皇フランシスコとともに、再考する機会を持つ必要があるだろう。特に、祭儀を司る位階性を有するがゆえに、聖職者至上主義的な傾向に陥る危険性も有しているカトリック教会では、現代、教会内外での新しい対話の場が開かれなければならないという声があがっている。教皇は、最近の信徒に向けた書簡の中で、聖職者至上主義を公に非難し、次のように述べている。「司祭自身と信者のどちらが助長したとしても、聖職者至上主義は教会のからだを引き裂き、わたしたちが今日、糾弾している悪事の多くを助長し、誘発します。虐待に『ノー』と言うことは、あらゆる形の聖職者至上主義に断固として『ノー』と言うことなのです」[33]。教会が真に福音宣教する共同体と成っていく途上にあって、福音宣教者ひとりひとりが自律主体としての自覚を促され、可視化することの困難な次元の問題への意識を求められている。

一匹の羊を探す牧者の旅する場は、教会という限られた空間にあるのではなく、公共圏全体を指す。このような認識をWYDを通して、また、日常生活の中で新たにする必要があるのではないか。つまり、第二バチカン公会議において再解釈し、提示した「啓示の本質」を、我々は繰り返し想起する必要がある。キリストに従って生きるキリスト者には「精神上の刷新と制度の改革[34]」、内面性と外面性、その両方への責任が課されている。「神学的に言うと、教会改革の目的は教会の真相の実現である[35]」と、コンガールは言う。絶えざる刷新こそが、教会を教会たらしめるものであるとするコンガールのこの言葉を受け止めることによって、現代を生きる我々は根源的な喜びを本来、味わうことができるのだ。教皇フランシスコの改革・刷新は、構造的改革に止まらず、また、精神論のみの問題でもなく、教会が教会であるために必要な信仰の実現なのである。一匹の羊を探す牧者が、今もこの世に存在する――我々は探されるその一匹であり、また、探しに行く牧者でもある。

注

(1) 二〇一三年三月二十八日、サン・ピエトロ大聖堂にて聖香油ミサフランシスコ教皇説教より。
(2) 二〇一六年五月四日、一般謁見フランシスコ教皇演説より。
(3) 教皇フランシスコ『使徒的勧告　福音の喜び』カトリック中央協議会、二〇一四年、31頁。

（4）同上、32頁。
（5）同上、31頁。傍点筆者。
（6）同上、32頁。傍点筆者。
（7）同上、35頁。
（8）同上、66頁。
（9）同上、75頁。
（10）同上、76頁。
（11）同上、88―89頁。
（12）国際連合広報センター発行「一九八五年 国際青年年パンフレット」参照。
（13）Synode des Evêques, 15ème Assemblée Générale Ordinaire, *Les jeunes, la foi et le discernement vocationnel, Instrumentum Laboris*, Cite du Vatican, 2018.
（14）Yves Congar, *Pour une Église Servante et Pauvre, le Livre-Programme du Pape François, Préface d'Odon Vallet*, cerf, 2014.
（15）ファーガス・カー『二十世紀のカトリック神学――新スコラ主義から婚姻神秘主義へ』前川登／福田誠二他訳、教文館、二〇一一年、66―95頁、「第三章イヴ・コンガール」の頁参照。
（16）Yves Congar, *La Tradition et les Traditions, I ;Essai historique(1960), II ;Essai théologique(1963)*, cerf, 2010.
（17）*Pour une Eglise Servant et Pauvre*, p.115.

(18) *ibid*., p.22.
(19) *ibid*., p.24.
(20) *ibid*., p.28.
(21) *ibid*., p.40.
(22) *ibid*., p.43.
(23) *ibid*., p.47.
(24) *ibid*., p.56.
(25) *ibid*., p.58.
(26) *ibid*., p.60.
(27) *ibid*., 著者の引用としてP. Broutin, *Mysterium Ecclesiae*, Paris, 1945, p.65.
(28) *ibid*., p.66.
(29) *ibid*., p.67.
(30) *ibid*., p.72.
(31) ユルゲン・ハーバーマス他『公共圏に挑戦する宗教――ポスト世俗化時代における共棲のために』箱田徹、金城美幸訳、岩波書店、二〇一四年、171頁。
(32) 同上、30頁。
(33) 二〇一八年八月二十日「神の民への教皇フランシスコの書簡」日本カトリック中央協議会(HP: https://www.cbcj.catholic.jp/2018/08/31/17520/)。

(34) Y・コンガール「精神上の刷新と制度の改革」『キリスト教精神の新しい展望』(コンキリウム業書8)南窓社、一九七五年、212頁。

(35) 同上、222頁。

第Ⅱ部　シンポジウム「『若者』と歩む教会の希望」

「『若者』と歩む教会の希望」

司会　髙山　貞美
パネリスト　角田　佑一
　　　　　　川本　隆史
　　　　　　濱田　秀伯

髙山　このシンポジウムは、第一部と第二部というかたちで進めさせていただきます。第一部は三人の先生方同士でコメントあるいは質問をしていただきます。第二部は、フロアからの質問ということにいたします。

早速ですが、川本先生からどうぞよろしくお願いいたします。

川本　ご指名を受けましたので、まず私からお二人にコメントとお尋ねをさせていただきます。

トップバッター角田先生のご講演「イエスの内面的成長についてのキリスト論的考察」に関してですが、完成原稿をベースとされた緻密な論の運びに感心させられました。冒頭で先生は、「ペルソナ」や「人格」といったことがらを大学一年生と共に学び深めるご苦心を打ち明けておられます。人文学を学び教えてきた私の場合、「ことば」の意味と歴史にどうしてもこだわってしまいますため、そもそもラテン語の「ペルソナ」や英語の「パーソン」を一括して「人格」へと置き換えることに違和感を覚えてならないのです。

周知のとおり「ペルソナ」という単語は、役者がかぶる「仮面」に発して、「役柄」から「役割」へ、さらに「位格」（「三位一体」という教義の用語）、「個性」、「身柄」、「人称」（文法用語）へといたる多義的な広がりを有しています。ところが「人格」のほうは、〝優れた人柄〟を表す「褒め言葉」として流通しており、「人格者」とか「人格高潔」といった複合語を派生させはするものの、この語が何をどのように評価しているのかをいざ立ち止まって分析しようとするとなると、けっこう厄介なのです。何らかの〝優秀性〟を意味しているようだけど、肝心の「人格」の中味がはっきりしません。

先ほどお話ししましたとおり、ＩＣＵで受けもった「キリスト教倫理」の三年目に『キリスト教倫理辞典』と『新カトリック大事典』の項目「人格」を読み比べております。その際、「人格」というういかつい熟語の〝学びほぐし〟の一助になろうかと、「声主《こえぬし》」という造語を引き合いに出してみました。哲学者の一ノ瀬正樹さん（東京大学を経て、現在は武蔵野大学教授）が「人格」に代わる「パーソン」の新しい訳語の候補として提案されたものです（放送大学の印刷教材『功利主義と分析哲学――経験論哲学入門』二〇一〇年ほか）。一ノ瀬さんは、ラテン語の語源にさかのぼりながら「『person』とは、実は『音や声を出す主体』のことなのである」、「『声主』として『person』を理解することで、伝統的な『person』概念はそのまま意義を継承していくのである」と明言しておられます（印刷教材の増補改訂版である『英米哲学史講義』ちくま学芸文庫、筑摩書房、二〇一六年、244頁以下）。

ちなみにジョン・ロールズの『正義論』にも頻出する「パーソン」ですけど、私たちは全体としては「人格」という定訳に従いながらも、初出の箇所にだけ「（意見表明の主体）」というカッコ書きを添えておきました（紀伊國屋書店の訳書xii頁）。一ノ瀬さんの「声主」をそのままお借りするのは差し控えましたが、『正義論』の「パーソン」は社会のまともなあり方を論じ合ってその原理を取り決める当事者に相当しますので、思い切って「意見表明の主体」へと噛み砕いてみたわけです。いずれにせよ「人格」一語では、「パーソン」がほんらい内包している「声」や「面」といった要素までカバーし得ないのではないでしょうか。

私の報告の結びに、「まったき隣人愛とは、『あなたを苦しめているものは何ですか』と問うことに尽きる」としたシモーヌ・ヴェイユの省察を引用しています。別の作品では「人格」と「聖なるもの」を峻別するヴェイユですけど、この箇所では、苦しみの訴えに向き合い「何にお苦しみですか」という《声》を発することにより、本物の「パーソン」になれると暗示しているようにも読めます。相手の「訴え」に耳を傾け、どんな苦しみなのかを問い質すこと、そうした相互行為を通じていわば《関係としてのパーソン》が成立すると考えたい。「声主」、すなわち「訴え」に対して《声》でもって応答する主体として「パーソン」を特徴づけようとするアイデアを、角田先生はどう受けとめられるでしょうか。そのあたりをお尋ねしたい。

濱田先生のご高説「人間学としての精神医学」からも、大いに学ばせてもらいました。人間精神が「体」body、「魂」soul、「霊」spirit の「三層構造」をなすとのご指摘は、私のような精神医学の門外漢にもしっくり腑に落ちるものでした。そこで自分に、訳語をめぐる疑問を投げかけるところから始めさせてもらいます。

「霊」や「霊性」という語がそれに対応する spirit や spirituality の厚みや広がりをカバーし切れていないのではないか、「霊(性)」に代わるもっと適切な訳語を工夫できないだろうか――このように問うてみたい。ラテン語の「スピリトゥス」へと翻訳された、ギリシア語の「プネウマ」やヘブライ語の「ルァハ」は、もともと「風」とか「息」を意味していたそうです。そうした動的い、なニュアンスを、過不足なく伝えてくれる日本語の言い回しを探り当てられないでしょうか。

神学講習会には、いささか場違いの問いに聞こえるかもしれません。問題意識の背景を説明させてください。私がspiritと「霊」のズレを意識せざるを得ないのは、二十一歳のロールズがプリンストン大学哲学科に提出した卒業論文「罪と信仰の意味に関する考究」（一九四二年）を仲間たちと翻訳しているからなのです（*A Brief Inquiry into the Meaning of Sin and Faith: With "On My Religion"*, edited by Thomas Nagel, Harvard University Press, 2009.〔ぷねうま舎より邦訳を出版予定〕）。この論文でロールズは、「自然主義」（naturalism. すなわち欲求の主体である人と欲求の対象との natural な関係だけで、世界は一元的に織り成されるとする世界観）に対して異議を申し立てるとともに、「自然主義」が埒外に置いてきた「コミュニティ（交わり）とパーソナリティ」という二つのキーワードを駆使して、「罪」を「交わりの拒絶」、「信仰」を「交わりへの統合」として定義し直そうとしています。そこで彼は、spiritを「交わりに参入しうる能力」（capacity to enter into community〔原書148頁〕）だとズバリ言い換えているのです。「交わり」（コミュニティ）を結ぼうとするspiritの働きは、果たして「霊」という一文字で捉え切れるものでしょうか。とりあえず今回の翻訳では、spiritに「いのちの息吹き」を（初出箇所に対してだけでも）あててみようかなどと思案しています。「人格」に代わる「声主」のような見事な対案には、まだまだほど遠い思いつきですけれども……。

もう一点、濱田先生への補足的なお尋ねをさせてもらいます。「体」の上に「魂」、その上に「霊」があるとする卵型の「三層構造」は、見るからに垂直方向へと上昇するベクトルを有しているようですよね。社会倫理学を守備範囲とする私からすれば、同じ卵型の構造が水平方向にはどうつながっていくのか、とりわけ「スピリット」が水平方向の「交わり」に向かってどんな作用を及ぼすのかが気になってきます。「人間精神」が横にどうつながっていくかを教えてくださいませんか。

「人格」および「霊」ということがらにまつわる疑問をお二人にぶつけてみました。ここで、どうしても振り返っておかねばならない「事件」があります。二〇一六年七月二十六日未明、神奈川県相模原市の障害者施設「津久井やまゆり園」に元職員の植松聖《うえまつさとし》被告が侵入し、障害者十九人を刺殺、二十七名を負傷させました。

植松被告が大島理森衆院議長宛に書いた手紙（同年二月）には、「世界経済の活性化」および「本格的な第三次世界大戦を未然に防ぐ」という二大目的を達成するための手段として、「不幸を作ることしかできない」障害者を抹殺することが予告されており、さらに「障害者は人間としてではなく、動物として生活を過しております。［……］私の目標は重複障害者の方が家庭内での生活、及び社会的活動が極めて困難な場合、保護者の同意を得て安楽死できる世界です」とのおぞましい断言が書き綴ってありました。彼にとって、意思疎通のできない重複障害者は「人間」とは見なされず、動物と選ぶところのない「心失者」にほかなりません。「人格」や「心」を備えている存在の条件を、自分の意思や権利を主張できる言語的コミュニケーション能力だけに限定したため、「心失者」抹殺が短絡的に正当化されてしまったとも考えられます。しかもこの衝撃的な出来事が報道されるや、ネット上には「加害者の気持ちはよく分かる」とか「よくやった」という書き込みまで登場したのだそうです。声と顔を備えもつ「パーソン」やいのちの息吹きを運ぶ「スピリット」の意味と価値とが日本語の世界にきちんと定着してこなかったことを、陰画のように示してくれる事件であると、私には思われてなりません。

　発生から二年経って、『開けられたパンドラの箱――やまゆり園障害者殺傷事件』という本が出版されました（月刊『創』編集部編、創出版、二〇一八年）。「植松聖被告に動機を問う」（第1部）、「事件とどう向き合うか」（第2部）、「精神科医はどう見るか」（第3部）からなる三部構成の論集です。ダウン症の娘・星子《せいこ》さんを世話する実践とシモーヌ・ヴェイユの思想とを手がかりに、人をか弱い者へのケアへと向かわせる「内発的義務」を説き、ユニークな「いのち論」を展開されている最首《さいしゅ》悟《さとる》さんの発言（「娘・星子と暮らす身として植松青年には言わねばならない」）が収められています。ぜひお読みください。

髙山

川本先生からのご質問に対して、角田先生、人格という言葉、言葉の問題プラスご自分のお考えをお伝えください。お願いいたします。

角田

川本先生、コメントと質問をどうもありがとうございました。すごく大事なポイントだと思います。

　まず人格ということについてですが、明治時代に井上哲次郎という哲学者がパーソンを人格という言葉に訳したということになっています。近代における人格概念の意味というのは、基本的には自己意識をもった主体ということだと思います。自分で自分を意識する、自分で自分のことをよく知っている、そして同時に、自由意志をもった主体だと……。自分で自分のことを自由に考えて決めることができる、「次に何をやりますか」と問われたら、それに対して、何かをするのかを自分で自由に決めて、「こういうことをやります」と言うことができる。そのような主体が人格である、という考えが近代の人格概念だと思います。

では、それに対して、いわゆる「神のペルソナ」という時の「ペルソナ」と「人格」は同じなのか、違うのか、というと、やはりそれは少し違うと思います。たとえば、近代の人格概念すなわち自己意識をもった主体性を「三位一体の神のペルソナ」にあてはめるといろいろな問題が出てきます。どのような問題が出てくるのかというと、結局、三つのペルソナがあるというと、三人の神がいるのかと考える人が出てきてしまいます。しかし、そこは、そうではないんだ、ということになります。じゃあどう違うのかというと、三位一体について議論し、定義した教父たちは、私たちがいわゆる人格として考える自己意識をもち、自由意志によって自分で自分のことを決めるという主体の活動そのものを支える現実を、「ペルソナ」や「ヒュポスタシス」という言葉を用いて言い表そうとしています。ですから、どうしてもわれわれは意識活動のことをペルソナ、人格と結びつけがちですけれども、もともとの意味では意識の活動を支えている根本的な現実を「ペルソナ」とか「ヒュポスタシス」という言葉で言おうとしたのだと思います。

では、「神のペルソナ」といった場合、それは何なのかというと、父と子と聖霊ということですよね。では、それはどんなものなのかというと、それは関係性、交わりだというわけです。たとえば、「子のペルソナ」って何なんですかと言われた時は、それは父によって生み出された、あるいは父によって語られた、そのような存在が「子のペルソナ」であるわけです。

ですから、川本先生が、一般的に「人格」と訳される「ペルソナ」を「声主」と訳したらどうかとおっしゃいましたが、それはすごく面白い翻訳かなと思うんです。その語には基本的に、意見表明、何か意見を言う、声を出すことができる主体という意味が込められていると思います。
ただ、イエスの場合において、イエスの声主は何だったのかということになりますが、イエス自身は父から語り出された言葉そのものなのです。父から語り出された言葉そのものが、イエス自身の「子のペルソナ」なのです。それはどのようになっているかというと、イエスは、神の意識と人間の意識をもっていて……という話を私は講義でしました。この神の意識において、イエスは自分が父から語り出された言葉そのものなのだという認識をもっていたのだと……。そこからイエスは主体的に語り出す、福音宣教をする、ということですよね。そうすると、本当の意味でイエスが声主として自分の活動をしていくのはどういうことなのでしょうか。基本的に彼の中にある神の子のペルソナ——それはもともと父から語り出された言葉そのものなのですが——、それが人間性と結びつきます。それによって、神の子のペルソナが主体的に——声主として——展開していくことができるのです。だから、イエス自身が父によって語られた言葉であり、それにもとづいて自分自身が語っていくという、そういう彼の存在の構造があるのかなと思います。ですから、「声主」という言葉をお伺いして、いろんなインスピレーションを与えていただきました。

髙山　ありがとうございます。続いて濱田先生には、霊や霊の構造に関するご質問がありましたが、濱田先生は先ほどのご講義において、人格という言葉も強調なさっていました。人格と意識、さらには、統合失調症などの精神病〔この語については、26頁を参照〕や、パーソナリティ障害のことなど、そういった含みも込めてお話しいただければ幸いです。

濱田　精神医学でも少し前までは「異常人格」とか「人格障害」という言葉がありました。しかし、それはやはり適切でないということで、最近はカタカナで「パーソナリティ症」と言います。「障害」という言葉も同様で、障害者という言い方はある種ダメージがありますので使いません。ですから精神医学の中でもいろんなことに配慮し、名称も中立的なものへと変わってきていると思います。

「霊」の問題に関してですが、説明するために図に書かざるを得ないので三層構造を卵型で表しましたが、本当は卵型をしているわけではないですし、たとえば、マルティン・ルターの『マグニフィカト』という本には、幕屋のたとえを使って三段階で説明されています。幕屋のたとえでは、要するに、誰でも入れる場所（前庭）と、それからもうひとつ奥の場所（聖所）と、それから一番奥にある神とだけ対話できる光のない闇の場所（至聖所）というような、水平的なものとして表現されています。

ただ、垂直で上下のものとして考えた方が分かりやすい気もします。キルケゴールは、地下室付きの二階家として、つまりは三階建の家で説明しています。要するに、一番の奥、心の一番奥にあるところ、一番高いところです。つまり、神と二人だけで相向かい合う。そういう場所が人間の中にはあるということです。

また別の人は「神の大使館」だと言っております。大使館というのは、たとえば、アメリカ大使館は日本の国土のなかにありますが、日本の法律は通用しません。つまり、私たちの中にありはするものの、その中に神が大使館を置いていると表現しているわけです。

講義で示した三層構造の図では、人格は「魂」精神層に含まれます。人格の前段階を自我（Ego）

と呼んでおります。自我とは、自分が自分である、いま考えている、行動しているのは、ほかでもないこの私である、という意味ですが、精神病になると、このごく当たり前のことが不確かになってまいります。

私たち精神科医は診察時に、この自分というものが失われる自我障害を精神病症状として重視いたします。人格は自我の上位概念です。自我は思考、知覚、意志など「体」精神層の活動を、自分に所属するものとして一つにまとめている機能ですが、人格は過去・現在・未来を結ぶ時間性、他人との関係性、社会性、自由、生きる価値などの拡がりをそなえております。

哲学的人間学を提唱したシェーラーは、対象化できる自我と対象化できない人格を区別して、人格とは愛に代表されるより高い価値を実現させる作用中心（Aktzentrum）であると述べております。シェーラーはさらに、人格のなかに社会的役割に還元できない秘奥人格（intime Person）を記載しています。秘奥人格とは、図には示しておりませんが、「霊」精神層に含まれる人格のことで、これをもつために人間は共同生活のなかにあって孤独になることができ、神と対話し聖霊を感じとり孤立することがありません。「私は孤独ではあるが孤立してはいない」のであります。したがって、人格とは水平方向に広がる社会性と、内面の垂直方向に伸びる秘奥性の二重構造になっていると私は考えております。

高山

ありがとうございます。引き続きまして、角田先生からお二人の先生にコメントをお願いいたします。

角田

それでは私から先生方に質問させていただきま

す。川本先生のお話をいただいて、とても楽しかったです。ＩＣＵの教育実践やキリスト教倫理の授業のお話から、こんなふうにいろいろできるんだということを知り、インスピレーションをいただきました。

まず一つお伺いしたいのは、「正義と愛の関係」についてです。愛するということは大切にするということなんだ、ということですが、その場合、正義と愛するということはどのように関係するのかな、ということです。

たとえば、教皇フランシスコがイエズス会の神父としてアルゼンチンにいた時に、軍事政権の中で多くの人が抑圧されるという出来事がありました。教皇フランシスコは、当時、基本的に政治的な立場は取らないという姿勢で、目の前で困っている人を大切にする、愛するんだというプリンシプルで動いていたそうなんです。ですから、軍事政権に追われている人がいたなら、その人をかくまう。しかし、軍事政権が終わると逆の現象が生じて、軍事政権からいじめられていた人が元軍人だった人を追っかけるといったことが起こった。そうすると、教皇フランシスコは追っかけられていた軍人を修道院にかくまったといいます。とにかく目の前に困っている人がいる、だから、この人を大切にしなくてはいけないんだという態度です。それが福音の考え方なんだと主張するんです。

私は「正義」と聞きますと、どうしても政治的な立場と結びつけてしまいます。軍事政権の人間は裁かれて当然だ、それこそ正義だというように思ってしまうんですね。ですから、愛するということと正義ということはどういうふうに結びつけられるのかというのは、実は私自身の問いでもあるので、何かご意見をいただけたらありがたいです。

次は、濱田先生への質問ですが、私も実は精神医学の話を初めてお伺いして、こういう三層構造、霊と魂と体という三層構造の中で精神病を考えることができるのだということを初めて知りました。とても新鮮な感覚を受けました。

統合失調症を中核とする精神病は、やはり人間精神全体の解体をもたらすということでしょうか。人間精神に侵襲が加わると、まず、精神層が解体されて、脱落症状が生じ、それから魂、体へとその影響が及ぶということですが、侵襲というのは、何らかの具体的な出来事やその人のもっていた傷のようなものなのでしょうか。そして、壊れた状態を妄想によって何かを修復することができるということなのでしょうか。もしそうであるならば、妄想によって修復するというのは、どういう意味なのか、この辺りのことをお伺いしたいと思いました。

川本
「正義と愛の関係」についてのお尋ねでしたね。「正義」と「愛」それぞれを〝学びほぐし〟た後、両者をどうつなげるかについては、山浦玄嗣先生による「山上の説教」の改訳（「義」を「ほどこし」へと）を手がかりにできると申し上げました。もうひとつのヒントがロールズの『正義論』の終結部にあることをお示しして、角田先生へのお答えに代えたいと存じます。

『正義論』の第三部は社会の正義と人生の幸福とが合致する理路を探究するパートですが、最終の第九章の第八六節（正義感覚の善）において「愛の冒険」（the hazards of love）が語られます。「正義の情操を保持するという意思決定によって、最終的に甚大な損失をこうむったり身の破滅にいたったりしないのか」――つまり、正義を貫こうとする当人に不幸が襲いかかることはないのか――といった疑問は、「愛の冒険」（愛にまつわるもろもろの危険や災厄）の一例を示すものに過ぎないとロールズは論じます。そこからの書きぶりは、前節までの『正義論』のトーンとはまったく趣を異にしているのです。

「愛し合う者たちは、相手が不幸な目にあったり不正な仕打ちを受けたとしたら、相手の身代わりとして自分を差し出す。友人や恋人どうしは大きな危険を冒してでも、互いに助け合う。家族の一人ひとりも危険をいとわず助け合う。[……]愛しているとき、愛ゆえに傷ついたり損失をこうむる危険があることを私たちは受け入れている」。(前掲邦訳、754—755頁)

損失や破滅をもたらしかねない「博打・冒険」——hazardは「(何が出るか分からない)サイコロの目の不確かさ」を指す場合もあります——に打って出て、その結果を甘んじて受け入れること。こういう姿勢でもって「愛」と「正義」を結ぼうとするロールズの論法は、私にとってけっこう魅力的です。

濱田　精神病の原因が何であるかというのは、今のところもちろん分からないのです。分からないけれども、その原因が脳にあると思っている人もいるのです。それから、人間関係にあると思っている人もいます。ところが、霊にあると思っている人はたぶん誰もいない、今のところ私しかいないのです。私は、もちろん脳の問題、それから様々な対人関係や社会関係といった問題でもあるけれども、もう一つその上に精神病の真の原因があるだろうと思っているのです。

では具体的に、霊がなぜ、どういう侵襲を受けるのかという話になりますが、結局人間というものは動物と違って、一生をただ生きて食べて寝て過ごせばいいわけではありません。自分を超えたい、自分の存在を乗り越えていくというところに、動物ではない、人間の肝心なところがあるわけです。人間は「霊」精神層をもっているので、自分というものを超えた超越する存在になれるのです。その点が動物との違いです。

そのように考えると、動物と違うというところにあるのが精神病という病気だと思うのです。他の病気は、全部動物にも起こり得るのですが、精神病だけは起こり得ない。それは結局、「霊」の部分があるから……。言ってみれば、自分を超越することができなくなる状態がまず生じます。それは、何か特別なことが起こったということではなく、「霊」精神層をもっている人間、つまり、神との関係性において生きるという存在そのものがもっている宿命的な問題というふうに思うのです。だから、私たちは要するに、「霊」精神層をもつことによって動物を乗り越えたのですが、その引き換えに、精神病を引き受けることになった……。そういうことなのではないかと私は思っているんです。

しかしそうしたことを、多くの人は、私の図では「霊」精神層の下にある、「魂」精神層や「体」精神層の部分でなんとか修復しようと試みます。つまり、親の育て方が悪いなど、周りのせいにしてみたりする。

精神病や精神障害の状況において脳の中では何が起こるかというと、ドパミンが過剰に増えるわけですね。そのため、現在、統合失調症の治療薬は脳の中のドパミンをどう抑えるかというものになっています。ドパミンの抑制が中心の治療になっていますので、根本的な治療をしているわけではなく対症療法に終始しているわけです。とにかくドパミンを少なくさせれば精神症状のある部分――たとえば妄想――は一定のところまで収まり、おとなしくなってくれるわけですから。しかし、私がいう「霊」精神層の治療に関しては手つかずの状態のまま残っているのです。

髙山　人間が霊的な存在であるが故に、そのような症状を引き起こす可能性が出てくるということを伺いますと、聖書に登場する、イエスが悪霊に憑りつかれた人を癒す場面も頭をよぎりますね。

では、濱田先生、お二人へのコメントをお願いいたします。

濱田　角田先生のお話では、イエスの内面的成長についての高度な論議で、大変感銘を受けました。

イエスが個人として少年時代から成長し、どのようにして彼の思想にたどり着いたかというのは、ルカによる福音書にほんの少し出ているだけで、聖書にはほとんど書かれていないですね。イエスの少年時代の内面の葛藤なども何も書いていないし、家族関係のこともほとんど書いてないですよね。おそらく家族の中でもあまり理解されなかったのではないか。しかし、そんなことは福音書に書くわけにもいかないでしょう。本当は弟がいたはずですが、弟のことも出てこない。それから、ナザレで村の人たちとうまくいってなかったのではないかと思うのです。福音書にはほんの一言出てきます。ナザレにおいてイエスは「……何も奇跡を行うことがおできにならなかった」（マルコ6・5）と一行だけ書いてあります。結局、うまくいってなかったと思うのです。本来なら、イエスですから、どこでも様々な奇跡を起こしても不思議ではないはずですけど、ナザレでは起こせなかったというのは、やはり福音書には書かれていない、伏せてある部分があるのではないかと思うのです。

そのあたりに関して、イエスの少年時代の成長と周囲との関係のようなものをどのようにお考えになっているかお伺いしたいのです。

川本先生への質問ですが、先生のお話の中にシモーヌ・ヴェイユが出てきました。多分彼女を好まれる方もこのフロアにはたくさんいらっしゃるのではないかと思うのですが……。彼女は高校の哲学教師から工場の労働者になり、レジスタンスの闘士になって、最後は終戦の直前にイギリスで餓死に近いような状態で亡くなります。またこの人はカトリックに限りなく接近しましたが、結局、信徒にはならなかった。しかし、カトリック以上にカトリック的な人です。

彼女について川本先生はどのような印象をおもちかということをお伺いしたいと思います。

角田

濱田先生、ご質問をありがとうございました。イエスの内面的成長と彼の人間関係についてということですね。確かに聖書では、ナザレ時代の彼の成長や人間関係について、あまりはっきりと述べられていません。ただ、おっしゃる通り、福音宣教を始めてからナザレに行って、何か奇跡を行おうとした時に、彼は何もすることができなかったわけです。そこで皆が「この人は大工の息子ではないか。母親はマリアといい、兄弟はヤコブ、ヨセフ、シモン、ユダではないか」とはやし立てます。イエスを心から信じたり信頼するという人が誰もいなかった。だから、奇跡を行えなかったのだと思うのです。奇跡が起こるには信仰というものがどうしても必要です。誰でもよいのですが、とにかくイエスを信じるとか、イエスに心から助けを求める、そういう「求め」のようなものがあった上で、奇跡という出来事が起きるのです。ナザレの人々の場合は、イエスのことをよく知っていましたが、基本的にはイエスのことを信じなかったので奇跡が起きなかった、ということだと思うのです。

実際に、イエスは福音宣教する中で、神の国あるいは神への愛、隣人愛ということを一生懸命に伝えようとしていますから、彼がその神の愛とか隣人愛ということを学んだのも実にこのナザレであり、彼が育った時だったと思います。家族との交わりとか、あるいは地元の人たちとの交わりの中で、何らかのかたちで、きっとイエスは人間として、愛ということを学んでいったのでしょう。必ずしも彼の小さい時の生活がネガティブなものばかりだったわけではないと思います。本当に大事なことをそこで学んだのだと私は思います。

川本　濱田先生がヴェイユに言及くださり、彼女のファンの一人として嬉しくてなりません。

深堀升治神父が十七歳の私にヴェイユという人物を教えてくださったというエピソードを、引き合いに出しました。その場で深堀神父が指し示してくださったのは、次のような『重力と恩寵』の章句です――「隣り合わせの独房に閉じこめられ、壁をこぶしで打って連絡をとる二人の囚人。壁は二人をへだてるものである。しかしまたそのおかげで彼らは連絡をとることができる。われわれと神のあいだがらも同じことだ。障壁というものはどれもこれも一種のきずななのである」（渡辺義愛訳〔新装版〕、春秋社、二〇〇九年では246頁）。わけも分からず感動してこの箇所を書き写した私は、広島のカトリック高校生のサークル連合が出していた機関誌『道標』第三号（一九六九年五月三日発行）の扉の頁に、「障壁こそ絆である」とするヴェイユの逆説を引用いたしました。

そんな出会いから何十年も経って、随筆家・須賀敦子さん（一九二九―九八年）の「世界をよこにつなげる思想」（初出は『カイエ4』月報、みすず書房、一九九二年。現在は『須賀敦子全集 4』河出文庫、二〇〇七年に所収）という短いヴェイユ論が目に留まりました。その結びにこうあります。

「フランスやイタリアには、青春の日々に、ヴェイユやムニエやペギー、そしてサン＝テグジュペリを読んでそだった世代というものがあるように思う。たまに、そういう人たちに出会うと、はじめて会った人でも、たちまち「つながって」、時間のたつのをわすれて話しこんでしまう。［……］戦後すぐの時代に芽ぶいたのは、中世思想の排他性をのりこえて、もっと大きな世界をよこにつなげるための思想だったのではないか」。

「あなたの苦しめているものは何ですか」と問うヴェイユを拠りどころに、「正義」と「愛」だけでなく、「世界をよこにつなげる」ことができそうです。

髙山

川本先生どうもありがとうございました。ここからは第二部として、フロアの皆様方からのご質問に答えていただくという時間にいたします。

まず、濱田先生に質問がきております。

「濱田先生の垂直方向の神との関係性を良くしなければ、水平方向の他者との関係もうまくいかないという言葉に大変助けられました。しかし、私がキリスト者でなかったら、その意味を理解することすらできなかったと思います。信仰をもたず、識られざる神を知ろうとする発想もないままに、一生を終えることが多い日本人に、垂直方向への視点の重要性を説くために、どのようなアプローチがあり得ると思われますか。福音宣教のヒントとしてぜひともよろしくお願いいたします」とのご質問です。

濱田

私たちはキリスト教やカトリックであるので、垂直方向の神とのつながりというものに対しては親和性があります。そういうことはあり得るだろうということは、十分に分かっているのですが、そういうことを知らない方たちには、どうかというご質問であると思います。

講演の最後の方で申しあげた精神医学的な「メタノイア、回心」というものは一つのきっかけになるかもしれません。ふつう、回心というと信仰によって視点を変えることをいうわけですが、その、「ものの見方の向きを変える」ということを精神医学の立場からできないものか、というのが私の治療的なアプローチとなります。

もちろん私のところには、カトリックでない患者さんもたくさんいらっしゃいます。そうした方に、あなたはカトリックになっていただかないと治りませんよ、という治療はあり得ないですね。そうではなくて、ある方向しか見ていないその方の視点をどうすれば動かせるのか、ということなのです。

先ほど出ました、やまゆり園事件の事件を起こした方の言ってることも、ある意味では部分的には正しい。ある部分だけ取り出せば、その通りなのです。ただ、全体から見るとそうではないだろう。あるところだけを見たら、なんだ良いこと言ってるんだとなるのは当然ですが、でも、それだけでは人間社会は成り立っていかないのです。

ですから、視点を動かし、ある部分しか見えていないところから全体像を見るためにはどうしたらよいか、という治療が精神医学の中でおそらく求められています。実にそれがカトリックでいう「回心」に近いのです。それが治療的な回心ということになるのだろうと思うのです。

どうしてそれが可能かというと、それは私が治療者として何か技術をもっているからできるわけではなくて、神からの愛というものは、信仰をもっていようがもっていまいが、全ての人に注がれているという確信が私のなかにあるからなのです。その人がカトリックであろうがなかろうが、仏教徒であろうが、イスラム教であろうが、神の愛はもうその人のもとに来ているのです。だから私はそちらの方に、ただ、視点をずらせばいいのだということを確信をもって言うことができます。それは、神の愛がもうここに来ていると信じているからなのです。

ですから私が何か特別な技術のようなものを使ったり、あるいは、何か特別な操作をして、その人の考え方を変えてやろうとかと思って治療しているわけではないのです。「すでにあなたのところに来ているものを見てごらんなさい」と言うだけで十分なのではないかと思ってるので、そういうことができる。それが治療的メタノイアと私が考えているものなのです。

高山　角田先生への質問です。「ロナガンという学者を取り上げて、多くのことを教えられましたが、この学者の信仰のバックグラウンドを教えてください」。

角田　ありがとうございます。ロナガンは二十世紀の神学者で、彼自身の神学的な認識論を述べた『インサイト』という著作がすごく有名です。あとは神学の方法論を打ち出したことでも有名です。

彼の神学において基本的に大事なのは、主体性です。私たちの主体がどのように神を認識しているのかという過程を見て、内面性を深く見ていくというのが、彼のスタイルだと思います。ロナガンについて私が言えるのはこれくらいですけれども、彼が述べるキリストの存在論的、心理学的な構造は、私自身面白いなと思って、今回も取り上げました。そこで彼はキリストにおける神の言のペルソナと意識の関係を論じていて、キリスト論的観点から、キリストの内面的構造を解明しています。この分析を参考にしながら、私たちは人間の内における人間の人格がどのようなものであるのかを考えることができます。先ほど、やまゆり園のことが出ましたが、そういう精神的なハンディキャップを負っている人に人格はあるのかという問いが出てくるわけです。

私自身の非常に限られた体験によるものですが、「ラルシュ かなの家」という、知的、精神的なハンディキャップを負っている人が一緒に共同生活を送っているところがあります。そこでは皆が一緒に働いたり、一緒にミサに出たり、分かち合いをしたり、祈ったりしています。朝から晩まで一緒に暮らし、そういう共同生活をする中で、おのずと相手を大事にしていくようになります。お互いの交わりを深めていくと同時に、神さまとの交わりも深めていくという共同体です。

僕もそこに行った時、非常に大きなコンバージョン（回心）、メタノイアの体験がありました。確かにそういうハンディキャップを負った人たちは、私たちの考える物差しで見ると、コミュニケーションがなかなか取りづらいことがあります。もちろん、こう言ったらこう返してくれる、ああ言ったらああ返してくれるというふうに、私たちが考える物差しでのコミュニケーションは確かに取れません。しかし、同時に、何の応答関係もないのかというと、そうではなくて、私たちの存在の深いレベルでの応答関係を、ハンディを負っている人たちと築いていくことができるのだ、とラルシュかなの家の体験のなかで学んだのです。互いの交わりを深める中で、この人を大事にしていきたいという思いや気持ちも出てきますし、あと、何て言うんでしょうね、うまく言えないのですが、その人自身、単に人間としてのその人ではなくて、その人自身、その人の何か核になるようなものが、交わりの中で見えてくることがある。それが、人格とかペルソナということで言い表そうとしていることなのではないかなと思ったことがありました。

たとえば先ほどの三位一体の話だと、それぞれのペルソナが固有性をもっているわけですよね。父のペルソナは子を生むとか、あるいは聖霊を発出するとか……。父にしかない固有性もあって、それが父のペルソナだ、父の存在そのものなんだということになります。ですから、ペルソナ、あるいは、人間に適用すると人格になるわけですが、人格といった場所に、その人自身、その人しかもっていない何ものか、あるいはその人自身の存在そのものが浮かび上がってきます。その時に、その人の人格に触れられるのではないかなと思います。だから、交わりの中で、人格とかペルソナということは体験されていくのではないかと、それが私の一つの答えとなります。

高山　もう一つは、濱田先生にです。「若者のうつ、抑うつが、現代病のようになっている背景を、どう分析されておられるでしょうか」という質問です。

濱田　うつが増えていることは皆様もご存じの通りだと思います。それは二つ要因があります。

一つは、厚労省などの統計だけを見ますと、爆発的に増えているかのように見えるからです。それは実際に患者さんの数が増えているのではなく、うつという診断が厚労省に上がってくるというだけなのです。たとえば、うつにカウントされなかった人に抗うつ薬を使うと、うつ病という病名を付けなければ保険診療で通らないものですから、うつ病と数えられるのです。したがって、統計上の数というのはあまり信用できないと思うのです。

次に、こういうふうに考えることもできます。今までなら、隠して違う病名をつけていたものがうつ病とされ、表に出てきた、と。今までそういう病気であるということを言いづらかった。「私はうつ病です」なんて人に言うと、おかしい人だと思われる……ということが多かったからです。しかし最近では、きちんと認知された病気になってきましたので、「私はうつでしばらくは休みます」と言ったとしても、十分会社の中で通用するようになってきたと言えるでしょう。さらに、そうした病気が表面化してきたということも言えるかもしれません。このように「うつが増えてきた」ということについては様々な側面から捉え得ることができるのではないかと思います。

ただ、若い人のうつの問題は実は複雑です。うつがどんどん増えているのはこうした現代社会における構造的な問題である、とそう簡単には言いきれない部分があると思います。うつといっても、様々なうつがあるのです。元気がない、気力がない、気持ちが滅入るという「うつ状態」はものすごくたくさんあるわけですね。そうしたものの中に、中核になる「うつ病」というものがあるわけですが、これは割合に輪郭のはっきりとした病気で、これに対してはこういう治療をすればいい、こういう薬をこういう順番で使えばいいというコンセンサスが明確になっています。ですから、誰であってもそれほど大きな差はなく、ある一定の期間で治っていく病気なのです。

しかし、さきほどあげたような「うつ状態」というものが実は単純なものではなく、実にいろいろなタイプのものがあります。それらに対してはそれぞれに個別の治療が必要ですし、なかなか治らない、いろんな薬を使っていてもなかなか良くならないといったこともあります。そのように「うつ病」そのものというよりは、その周囲にある「うつ状態」のほうが扱うのが難しいと言えるのです。そうした症状のいくつかには名前もついていますが、全部にきちんと名前がついているわけではないため、それらは漠然と「うつ」と呼ばれています。

あとは、病気の構造自体も時代と共に変わってきます。たとえば、昔は命に関わる病気だったものも、時代と共に変わってきます。昔は診断されたら治らないと言われていた病気であっても、今では必ずしもそんなことはなくなってきています。それは医療技術の進歩だけではなく、病気の構造そのものが時代によって、やはり変わってきているのです。どうしてかは分からないのですが……。実際、精神科の病気にも、統合失調症、うつ病、それから、双極性障害、あるいは、恐怖症……と、いろんな病気がありますが、それらの構造そのものが以前とは変わってきています。

若い方のうつというのは、病気の構造が変わってきた病気の一つであり、誰がやっても同じようによくできるというようなものにはまだなっていないのです。治療のコンセンサスがそこまでいっていないということもありますし、それぞれの方にそれぞれのうつがあって、治し方もそれぞれ違って、ということなので混乱している部分があろうかと思います。

高山　最後に三名の先生方にお一言ずつお願いいたします。

これからの社会に生き、次世代に福音を宣べ伝えるために大切なことは何なのでしょうか。今回の講習会の総合テーマが「『若者』と歩む教会の希望」ですので、次世代に福音を宣べ伝えるために大切なことをお一言ずつお願いします。

川本　濱田先生の発言の中で強く印象に残ったのは、精神医学的なメタノイア、すなわち「治療的な回心」に関するご説明です。相手がカトリック教徒であろうがなかろうが、神からの愛というものは全ての人に注がれているという確信を先生はおもちだと言い切られました。だからこそ、治療にあたって特別な技術や操作をほどこして、当人の考えを変えてやろうなどと介入なさるのではなく、「すでにあなたのところに来ているものを見てごらんなさい」と言うだけでよいのだと。これは本日の講習会でいちばん胸に響いた言葉でした。この私としては、「見てごらんなさい」に加えるかたちで、「耳を澄ませてごらんなさい」と呼びかけてみたいと思います。その趣旨を付言させてください。

濱田先生の講演にも「祈る」という言葉が出てまいりました。ここでも山浦玄嗣先生の卓説をお借りしますが、日本語の「祈る」の意味は、基本的に「自分の力では、どうしようもない時に、神仏の力にすがって、良いことが起こるように、願う」ということであって、「よいこと」とは「自分、自分たちにとって都合のよいこと」を指しています。しかしながら、福音書でもっぱら「祈る」と訳されてきたギリシア語の四つの動詞のうち、圧倒的に多い用例は「プロセウコマイ」であり、この動詞は「祈る＝願う」ではなく、「神さまの声に心の耳を澄ます」と訳すべきだと結論づけられるのです（山浦『イエスの言葉』文春新書、197―200頁）。

したがって、「すでにあなたのところに来ているものを見てごらんなさい」と「すでにあなたの心に届いている声に耳を澄ませてごらんなさい」の二つをセットで活用することを通じて、《次世代に福音を伝え》つつ《「若者」と歩む》営みを確かなものとしていきたい。そう願っています

角田　やはり、謙虚な心が大事かなと思います。ひとつは神様に対する自分自身の謙遜な、謙虚な心、

それこそやっぱりメタノイアだと思います。自分が相手をメタノイアさせるのではなく、自分自身がまず神様に向かって本当の意味で、絶えざる回心をしていくということが大事かと……。その中で、神様とのつながりを深めていくということだと思います。

もう一つは人に対しての謙虚さです。私も学生さんといろいろと関わっているのですが、確かにもうすでに神様が学生一人一人に働いているわけです。ですから、「君たちは何もまだもっていないから、僕が授ける」というアプローチではなくて、若い人たちがもうすでにそこにひたされている神様の愛なり、何らかの尊い現実があるので、そこに自分が触れていく、自分が何か教えるとかというよりは、若い人を通して私自身が福音を学んでいくということが大切だと考えています。人との関わりの中で福音の本質が見えてくると思います。その意味での謙虚な心が必要だと思っています。

濱田　やはり若い人にいちばんもっていただきたいのは希望です。将来に対する希望をどうもっていただくかだと思うんです。先が見えない、自分で何をしても失敗するんじゃないか、自分はダメなんじゃないか、この世の中で生きていく資格がないんじゃないかと思ってらっしゃる方がたくさんおられる。その方にどうやって希望をもっていただくかというのが、精神科医の役目の一番大きなところだと思うのです。

講演の中でも少し申しましたが、基本的に祈りは自身の否定的な肯定なのです。まず否定しないと肯定にはなりません。つまり、「元気を出しなさい」とか、「自分を肯定しなさい」といった肯定だけではなく、一度は自分を否定することが大切なのです。角田先生がおっしゃったように、謙虚になる、へりくだるということだと思うのです。そこから転じて肯定にならないと、本当の肯定にはならない。

それは、たとえばキルケゴールが「つまずきのないところに信仰はない」言っているようなことと同じことではないかと思います。若い方々には、まず、自分が謙虚になって、そして、自分を否定したところから将来への希望をもっていただきたいですし、そこに寄り添って、それに力を与えて励ますのが精神科医の役目だと思っております。

髙山　本日のシンポジウムの中で、回心、スピリチュアル、愛、正義、希望、謙虚、人格など、様々な言葉が出てきました。これらの言葉は、二日間全体のまとめの言葉になろうかと思います。ご専門の分野は違っていても、それぞれのお話が響き合い相互につながり合った実り豊かなものでした。

それでは、御三方の先生方に拍手をもって、感謝の心を表したいと思います。どうもありがとうございました。

あとがき

二〇一八年度の上智大学夏期神学講習会は『若者』と歩む教会の希望――次世代に福音を伝えるために」というテーマで開催されました。講習会のなかで、私たちはさまざまな興味深い講演やシンポジウムを聞きながら、若者たちとどのように関わり、共に歩んでいけばよいのかを深く考えることができたと思います。本講演集に掲載されている講演者の講話の内容を振り返ってみましょう。

濱田秀伯氏は「人間学としての精神医学」において、精神医学と人間学の観点から人間の精神を「霊」精神層、「魂」精神層、「体」精神層の三層に分けて理解しています。そして、精神科医としての自らの体験をふまえて、精神疾患がどのようなメカニズムにもとづいて発生するのかを説明します。そのうえで、精神疾患を治療するとき、それぞれの精神層に対応する治療を行う必要があることを示しました。とりわけ、「霊」精神層に働きかけ、霊性を賦活化する治療としてスピリチュアル・ケアを挙げて、精神医学にこそ、患者を治療的回心に導くスピリチュアル・ケアが必要であると述べています。

川中仁氏は『他者のための人』――現代イエズス会の精神」において、一九七五年のイエズス会第三二総会以降、イエズス会は「信仰への奉仕」と「正義の促進」を根本ミッションとするようになり、それと並行して当時のアルペ総長が一九七三年に「他者のための人」を育てるというイエズス会教育の基本精神を初めて示したことを説明しました。そのうえで、イエズス会教育の目的の一つは、他者に「仕えるリーダー」を育てることであり、目指すべきリーダーシップのあり方として「イグナチオ的リーダーシップ」（ＩＬ）を挙げて、その豊かな意味内容に光をあてています。

松村康平氏は「ともに歩むこと、ともに変わること――イエズス会教育の変遷からみえてくるもの」において、イエズス会がどのように教育事業と関わるようになり、いかなる方針のもとに学校を運営し、若者を教育してきたのかを歴史的な観点から丁寧に説明しています。そのうえで、アルペ神父がイエズス会学校において社会への深い関心に向かう「他者のための人」を育てるという教育精神を打ち出したことにより、イエズス会の教育使徒職に新たな展開が生まれたことを明らかにしています。とりわけ、アメリカにおいては、経済的困難を抱える低所得層の子弟の教育に焦点をしぼったクリスト・レイ・スクールが設立され、独自の教育方針と経営モデルによってそれが広がっていったことについて説明しています。

角田佑一は「イエスの内面的成長についてのキリスト論的考察――ペルソナと意識の関係」のなかで、イエス・キリストが青年期において、いかにして自らの内的な自己同一性と自己肯定を見出したのかを考察しています。具体的には新約聖書におけるイエスの幼年物語や洗礼の箇所のなかで、イエスにおける神の意識、人間の意識、神の言（子）のペルソナがどのように関係しあっているのかを、キリスト論的な観点にもとづいて解明しています。その際、キリストの位格的合一、すなわち神の言のペルソナにおける神の本性と人間の本性の合一という枠組のなかで、ロナガンの『キリストの存在論的・心理学的構造』を用いながら、イエスの内的構造を明らかにしています。

塩谷直也氏は「『逃れる道を備え』る教育――Ｉコリント10章13節を土台に」のなかで、自身の教会における体験をふまえて、愛する心にもとづいて説教することの大切さについて語っています。さらに大学における学生との交わりの体験をふまえて、若者たちと接するときに重要なことは、たんに平等な愛を与えることではなく、親子関係に見られるような偏愛を生きることであると述べています。特別に誰かに愛されたという「偏愛の経験値」がどこかにないと、人間は成長しないと指摘しています。そして、コリントの信徒への手紙一10章における「逃げ道を備える神」を挙げながら、私たちの人生にも「逃げ道」、すなわちもう一つの道がつねに存在するのだということを学生たちに伝えたいと語ります。

川本隆史氏は「正義と愛を〝学びほぐす〟――担当科目『キリスト教倫理』の工夫と目論見」において、自身の授業のなかでキリスト教倫理の基本概念、とりわけ「正義」と「愛」を学生とともに「学びほぐす」（unlearn）実践を行っていることを紹介しています。「学びほぐす」とは、すでによく知っているつもりの抽象概念を、動詞、形容詞、形容動詞へとほぐしてパラフレーズすることです。この「学びほぐし」によって概念の意味をより深く掘り下げて理解し、より分かりやすい表現で皆に伝えることができます。このような実践を教育の場で行っていくことの重要性を語っています。

原敬子氏は「『一匹の羊を探し求める教会』――Y・コンガール、奉仕の神学を読む」のなかで、まず教皇フランシスコの使徒的勧告『福音の喜び』に即して、羊の匂いのする「羊飼い」が福音宣教者であり、その声を聞く「羊」が人類であると理解し、両者の関係は不可分であると述べます。そのうえで、教会が福音宣教する共同体として、人々のいる「公共圏」に自ら出向いていく必要があると強調しています。そして、現代における教会と「公共圏」の接点として「世界青年の日」（WYD）を挙げ、教皇フランシスコが「世界青年の日」において、他の人に奉仕する者となるよう青年たちに呼びかけていることに言及します。さらに「奉仕する教会」の姿を神学的に根拠づけるものとして、コンガールの『奉仕する貧しき教会』における教会の権威理解を紹介しています。そのなかで、教会において継承されるべき権威とは、神と人間に仕える貧しいキリストの生き方に基礎づけられたものだけであるというコンガールの見解を示します。そこから、公共圏に向かって出向き、福音宣教する教会のあり方を再考しています。

シンポジウム「『若者』と歩む教会の希望」においては、川本隆史氏、濱田秀伯氏、角田佑一が、多様なトピックについて話し合いました。まず、若者と接するうえで重要になってくる「人格」とは一体何なのかというトピックについて、パネラーが自らの専門分野と経験から「人格」、「ペルソナ」の自らの理解について意見を交わしました。さらに正義と愛の関係について質疑応答をしたり、精神疾患の発生の原因と治癒を、濱田氏の精神の三層構造に即して考察したりしました。そして、最後に次世代に福音を宣べ伝えるために大切なこととは何か、それぞれの考えを表明しています。

以上のように全講演とシンポジウムの内容を概観すると、大きく三つの問題意識にまとめられると思います。第一に人間の精神構造を学問的な方法論を用いて理解し、そのうえで若者が抱えているさまざまな内面的問題といかにして向き合っていくのかを考えること、第二に私たちがどのような心をもって若い人たちと関わっていけばよいのかを明らかにすること、第三に若者たちをどのような目的に向かって導き育てるのかを考えることです。これらの問題意識のもとに、私たちは若者との交わりを深めながら、将来の教会への希望を抱いて歩んでいくことができるよう願って参りたいと思います。

終わりに、本書の出版を深い愛と忍耐をもって支えてくださった日本キリスト教団出版局の加藤愛美氏に心からの感謝を申し上げます。

二〇一八年十二月二十四日

角田　佑一

編著者紹介（50音順）

川中　仁（かわなか・ひとし）

1962年東京都生まれ。上智大学神学部卒業、同大学院神学研究科修士課程修了。ドイツ・ザンクトゲオルゲン哲学–神学大学博士課程修了。神学博士（Dr. theol.）。現在、上智大学神学部教授（専攻：基礎神学、イエズス会の霊性）。

〔著書〕*„Comunicación“. Die trinitarisch-christozentrische Kommunikationsstruktur in den Geistlichen Übungen des Ignatius von Loyola* (Josef Knecht, 2005), *Zur größeren Ehre Gottes. Ignatius von Loyola neu entdeckt für die Theologie der Gegenwart*（共著、Herder, 2006),『史的イエスと「ナザレのイエス」』（共著、リトン、2010年）、『さまざまによむヨハネ福音書』（共著、同、2011年）、『神のいつくしみ――苦しみあわれむ神』（共著、日本キリスト教団出版局、2017年）、『和解と交わりをめざして――宗教改革500年を記念して』（共著、同、2018年）他。

川本　隆史（かわもと・たかし）

1951年広島市生まれ。東京大学文学部卒業、東京大学大学院人文科学研究科博士課程修了（文学博士）。現在、国際基督教大学教養学部特任教授、東北大学名誉教授、東京大学名誉教授（専攻：社会倫理学）。

〔著書〕『マイクロ・エシックス』（共編著、昭和堂、1993年）、『現代倫理学の冒険』（創文社、1995年）、『ロールズ――正義の原理』（講談社、1997年）、『応用倫理学の転換』（共編著、ナカニシヤ出版、2000年）、『ケアの社会倫理学』（編著、有斐閣、2005年）、『共生から』（岩波書店、2008年）、『忘却の記憶　広島』（共編著、月曜社、2018年）。

〔訳書〕アマルティア・セン『合理的な愚か者』（共訳、勁草書房、1989年）、ジョン・ロールズ『正義論〔改訂版〕』（共訳、紀伊國屋書店、2010年）。

塩谷　直也（しおたに・なおや）

1963年宮崎市生まれ。国際基督教大学教養学部卒業、東京神学大学修士課程修了。日本基督教団中京教会、知立伝道所、梅ヶ丘教会の牧師を経て、現在、青

編著者紹介

山学院大学宗教部長・法学部教授。

〔著書〕『忘れ物のぬくもり』(女子パウロ会、2007年)、『うさおとあるく教会史』(日本キリスト教団出版局、2011年)、『使徒信条ワークブック』(同、2011年)、『信仰生活の手引き――聖書』(同、2012年)、『なんか気分が晴れる言葉をください――聖書が教えてくれる50の生きる知恵』(保育社、2013年)、『ひとりぼっちのオルガン』(同、2015年)、『視点を変えて見てみれば―― 19歳からのキリスト教』(日本キリスト教団出版局、2019年)他。

高山　貞美(たかやま・さだみ)

1955年福井県生まれ。南山大学大学院文学研究科神学専攻修士課程修了、教皇立グレゴリアン大学神学部博士課程修了。現在、上智大学神学部教授(専攻:キリスト教人間学、諸宗教の神学)。

〔共著書〕『親鸞――浄土真宗の原点を知る』(「対談 島薗進(宗教学)×高山貞美(神学)――親鸞、そのひらかれた可能性 外部からの問いかけ」河出書房新社、2011年)、『希望に照らされて――深き淵より』(共著、日本キリスト教団出版局、2015年)、『「知としての身体」を考える――上智式 教育イノベーション・モデル』(共著、学研マーケティング、2014年)。

〔論文〕「イエスの教えと歎異抄」(『キリスト教文化研究所紀要』第27号、2008年)、「遠藤周作と親鸞における『海』」(『カトリック研究』第80号、2011年)他。

角田　佑一(つのだ・ゆういち)

1979年埼玉県生まれ。イエズス会司祭。米国サンタクララ大学イエズス会神学大学院博士課程修了(神学博士)。現在、上智大学神学部常勤嘱託講師(専攻:教義学、エキュメニズム、諸宗教対話)。
〔論文〕The Union in the Composite Hypostasis: the View of the Hypostatic Union of Christ in Leontius of Byzantium and Maximus the Confessor(『カトリック研究』第86号、2017年)、「カトリック教会から見た宗教改革の意義――イグナチオ・デ・ロヨラとマルティン・ルターの自由理解の比較」(『宣教学ジャーナル』第12号、2018年)他。

編著者紹介

濱田　秀伯（はまだ・ひでみち）

1948年東京都生まれ。慶応義塾大学医学部卒業。医学博士。1979～83年フランス政府給費留学生としてパリ大学付属サンタンヌ病院へ留学。帰国後、慶応義塾大学医学部精神神経科学教室専任講師、准教授、客員教授、群馬病院長を歴任し、現在、六番町メンタルクリニック精神療法センター長、日本精神医学史学会理事長（専攻：臨床精神医学、精神病理学、フランスの妄想研究）。

〔著書〕『精神症候学 第2版』（弘文堂、2009年）、『精神医学エッセンス 第2版』（同、2011年）、『濱田秀伯著作選集　ラクリモーサ』（同、2015年）、『精神病理学臨床講義 第2版』（同、2017年）他。

〔訳書〕G. ランテリ・ロラ『幻覚』（西村書店、1999年）、E. ジョルジェ『狂気論』（弘文堂、2014年）、P. セリュー、J. カプグラ『理性狂』（弘文堂、2018年）他。

原　敬子（はら・けいこ）

1965年広島市生まれ。広島大学大学院教育学研究科修了、Institut Catholique de Paris（パリ・カトリック大学）において神学修士号（STL）取得。上智大学大学院神学研究科博士後期課程において博士号取得。現在、上智大学神学部准教授（専攻：実践神学、宣教学、司牧神学）。

〔著書〕『キリスト者の証言――人の語りと啓示に関する実践基礎神学的考察』（教文館、2017年）、『宗教改革と現代――改革者たちの500年とこれから』（共著、新教出版社、2017年）。

松村　康平（まつむら・こうへい）

1985年東京都生まれ。上智大学神学部神学科卒業、上智大学大学院神学研究科修士課程修了（STL）、東京大学大学院総合文化研究科博士課程在学中。現在、広島学院中学・高等学校教諭（専攻：キリスト教霊性、教父学、教育学）。

〔著書〕『テオーシス――東方・西方キリスト教会における人間神化思想の伝統』（共著、教友社、2018年）。

〔論文〕「Audiamus ―『告白』第九巻一〇章二五節における―」（『パトリスティカ』第17号、2014年）。

「若者」と歩む教会の希望――次世代に福音を伝えるために
2018年上智大学神学部夏期神学講習会講演集

2019年2月25日　初版発行

編著者　原　敬子
角田佑一

発　行　日本キリスト教団出版局

〒169-0051　東京都新宿区西早稲田2の3の18
電話・営業03（3204）0422、編集03（3204）0424
http://bp-uccj.jp/

印刷・製本　ディグ

ISBN978-4-8184-1028-2　C3016
日キ販
Printed in Japan